The Preschool Scientist
Using Learning Centers to Discover and Explore Science

小小科学家
——有趣的幼儿园科学探索活动

[美] 罗伯特·A. 威廉姆斯（Robert A. Williams）
伊丽莎白·A. 舍伍德（Elizabeth A. Sherwood）　/ 著
罗伯特·E. 罗克韦尔（Robert E. Rockwell）
戴维·A. 温尼特（David A. Winnett）

张　俊　等 / 译

中国轻工业出版社

图书在版编目(CIP)数据

小小科学家：有趣的幼儿园科学探索活动/（美）罗伯特·A.威廉姆斯（Robert A. Williams）等著；张俊等译.—北京：中国轻工业出版社，2022.12（2025.3重印）

ISBN 978-7-5184-4006-1

Ⅰ.①小… Ⅱ.①罗… ②张… Ⅲ.①科学知识-学前教育-教学参考资料 Ⅳ.①G613.3

中国版本图书馆CIP数据核字（2022）第105397号

版权声明

The Preschool Scientist © 2010 Robert A. Williams, Elizabeth A. Sherwood, Robert E. Rockwell, and David A. Winnett.

Original English language edition published by Gryphon House Inc. P.O. Box 10 6848 Leons Way, Lewisville NC 27023, USA. Arranged via Licensor's Agent: DropCap Inc.

All rights reserved.

> 保留所有权利。非经中国轻工业出版社"万千教育"书面授权，任何人不得以任何方式（包括但不限于电子、机械、手工或其他尚未被发明或应用的技术手段）复印、拍照、扫描、录音、朗读、存储、发表本书中任何部分或本书全部内容。中国轻工业出版社"万千教育"未授权任何机构提供源自本书内容的电子文件阅览、收听或下载服务。如有此类非法行为，查实必究。

责任编辑：吴 红　　　　责任终审：张乃柬
文字编辑：李芳芳　　　　责任校对：刘志颖
策划编辑：吴 红　　　　责任监印：吴维斌

出版发行：中国轻工业出版社（北京鲁谷东街5号，邮编：100040）
印　　刷：三河市鑫金马印装有限公司
经　　销：各地新华书店
版　　次：2025年3月第1版第3次印刷
开　　本：787×1092　1/16　印张：18
字　　数：165千字
书　　号：ISBN 978-7-5184-4006-1　定价：62.00元

读者热线：010-65181109
发行电话：010-85119832　010-85119912
网　　址：http://www.chlip.com.cn　http://www.wqedu.com
电子信箱：1012305542@qq.com

版权所有　侵权必究
如发现图书残缺请拨打读者热线联系调换

250313Y1C103ZYW

译 者 序

"儿童是科学家"这一论断几乎已经是当代研究者的共识。儿童天生具有好奇心和探究欲望，渴望理解周围的世界。他们从婴儿期开始，就有了对周围世界的"朴素理论"；到了学步期，随着接触的范围扩大，他们对周围事物的认识不断扩展；进入幼儿期，他们初步掌握科学的方法，在探究中认识周围的事物和现象。

儿童科学思维的发生和发展有着明显的年龄特点。研究表明，5岁是儿童科学思维萌发的关键期。5岁以后的儿童，开始学会区分主观的想法和客观的证据，知道自己的认识要建立在实际证据的基础上。而5岁以前的儿童尚处于前科学思维阶段，常常将主观的想法和客观的事实相混淆。正如皮亚杰所说，科学教育对于这个年龄段儿童的意义，仅在于训练他们的观察能力。不过，尽管这个年龄段的儿童的科学学习局限于直接的观察而无法获得进一步的推论，但这些第一手的科学经验仍是非常重要的。正是通过这些直接的感知、操作及语言表达的经验，儿童才逐步懂得什么是"我看到（发现）"的，并为后续区分实际证据和主观想法打下基础。

在我国幼儿园科学教育实践中，大班幼儿的科学探究活动受到的关注较多，而中、小班幼儿科学活动的研究相对薄弱。本书虽然冠以"幼儿园"的译名，但主要适用于中、小班乃至托班科学活动的实践，因为中美学前教育的学制有别，原书名中的学前（preschool）儿童实际上指的是3—5岁儿童，特此说明。

最后，感谢"万千教育"对我的信任，委托我主持本书的翻译。也感谢我的研究生团队高效合作，按时完成翻译任务。翻译人员分别是：王紫莹（第一、三章），邓春雨（第二章），陈茹（第四、七章），金豪妮（第五章），张之睿（第六章），吴榕平（第八章）。希望本书的翻译能有助于广大教师拓宽教育视野，打开实践思路。

张俊
2022年6月于南京

导　言
——运用科学发现和探索世界

幼儿其实非常渴望学习。教师可以通过有吸引力和有意义的经验引导幼儿进行科学探索，从而保持儿童的学习热情和兴趣。通过精心的规划，教师可以帮助儿童学习概念和技能，从而加深他们对周围世界的理解。

请想象下面的教育场景。假设两个成人（弗雷德和玛丽亚）参加了一门手工课程的学习。在第一节课上，教师向他们介绍如何使用彩色玻璃，他们练习切割玻璃并学习如何连接玻璃碎片。在第二节课上，弗雷德和玛丽亚准备学习更多相关内容。然而，教师介绍了陶艺。弗雷德和玛丽亚学习了一些关于陶瓷的知识，并对创造新东西感到兴奋。弗雷德和玛丽亚在第三节课上准备继续学习陶艺。但是黏土不见了；教师把它换成了木雕设备。弗雷德和玛丽亚不是在学习技能，而是在学习挫折。

我们经常这样对待幼儿。我们没有让他们从掌握新想法或新技能中获得自信，而是让他们快速地从一个话题转移到下一个话题。我们潜移默化地教导他们，要满足于对很多事情只学习一点点。而从本书所呈现的数量有限的主题活动中，我们可以为幼儿提供更多的机会来体验能力和胜任感。

我们的理念是，帮助儿童真正理解某个概念比向他们提供关于许多主题的碎片知识要好。材料应该是可获得的，而课程应以这样的方式开发，即儿童可以回顾或重复他们可能在一段时间前的经历。重复可以强化幼儿对自己的能力的认识，最终增强他们的自信心。

本书让儿童接触的远不只是科学技能和概念。它为儿童提供了探索、实验、创造和解决问题的机会。书中的方法将有助于儿童在谈论他们所做的事情或在解释发现过程时提高语言技能，使儿童在有意义的发现中运用新学的数学技能。本书还为教师提供了一个课程框架，其中蕴藏了令人激动的发现精神，这种精神存在于所有儿童的头脑中，帮助他们生活和学习。

目　录

第一章　幼儿园课堂中的科学 …………………………………… 1
　　幼儿科学教育目标 ………………………………………………… 1
　　缩小科学主题范围，促进成功学习 …………………………… 1
　　聚焦观察、观察分类、组织和交流观察结果 ………………… 2
　　支持新型语言和读写技能 ……………………………………… 3
　　数学与科学 ………………………………………………………… 6
　　自由探索 …………………………………………………………… 7
　　邀请家庭参与科学探索 …………………………………………… 8
　　班级学习区 ………………………………………………………… 9
　　评估 ………………………………………………………………… 15
　　关于这本书 ………………………………………………………… 17

第二章　相似与不同 ……………………………………………… 19
　　引言 ………………………………………………………………… 19
　艺术区
　　蜡笔线 ……………………………………………………………… 21
　　我的彩色书 ………………………………………………………… 24
　　能画就画 …………………………………………………………… 27
　　感受艺术 …………………………………………………………… 30
　　不同颜色的世界 …………………………………………………… 33
　积木建构区
　　积木三明治 ………………………………………………………… 36
　　塔楼建筑师 ………………………………………………………… 39

探索区
 观察小动物 ································ 42

快速检查：相似与不同
 像我一样 ·································· 45
 它们为什么会被放在一起? ············· 47
 匹配盖子 ·································· 49
 磁铁的磁性 ······························· 51
 螺母和螺栓 ······························· 54
 感官的庆祝活动 ·························· 56

杂乱的材料区
 挖沙 ······································· 60

小组活动
 我们有什么相似点? ····················· 62

检查要点：相似与不同
 在圈内还是圈外? ························ 65

第三章　探索运动 ································ 67
 引言 ······································· 67

艺术区
 追踪滚动的弹珠 ·························· 69

积木建构区
 一个带动多个 ···························· 71
 坡道 ······································· 74
 过山车 ···································· 76
 向右转，向左转 ·························· 79

快速检查：探索运动
 什么物体会滚动? ························ 81

探索区
 弹跳物 ···································· 83

杂乱的材料区
　　　帆船比赛 ························· 85
　　小组活动
　　　你能移动我吗？ ····················· 87
　　　你能跳多远？ ······················ 89
　　　弦上的火箭 ······················· 91
　　　滚动的沙滩排球 ····················· 94
　　检查要点：探索运动
　　　荡得高一点，荡得低一点 ················· 96

第四章　**探索变化** ···························· 99
　　引言 ····························· 99
　　艺术区
　　　蜡笔松饼 ························ 101
　　　凹凸不平的黏土 ···················· 104
　　积木建构区
　　　行动中的变化 ····················· 107
　　探索区
　　　泡泡罐 ························ 110
　　　将一对物体放入水中 ·················· 113
　　快速检查：探索变化
　　　彩虹水 ························ 115
　　探索区
　　　生锈 ························· 117
　　　将水与物体混合 ···················· 119
　　　闪光冰 ························ 121
　　　发芽了！ ······················· 123
　　杂乱的材料区
　　　不断生长 ······················· 125

户外活动

哇，真是一团糟！ 128

检查要点：探索变化

这个地方怎么了？ 131

第五章　探索工具 133

引言 133

艺术区

胶水 135

黏土煎饼 138

印章 140

积木建构区

小小家庭建筑师 142

滑轮 145

T形平衡结构 147

探索区

蜡笔称重 150

建造一棵树 153

快速检查：探索工具

请帮帮我 156

表演区和杂乱的材料区

水管工学徒 158

杂乱的材料区

请帮我把容器装满 160

户外活动

测量行动 162

小组活动

清理杂物 164

锤子，锤子，你可以做什么？ 166

击倒它 168

检查要点：探索工具

　　工具洗牌 ·· 170

第六章　玩水活动 ·· 173

引言 ·· 173

艺术区

　　艺术伙伴：和雨一起创作 ·· 175

　　冰的颜色 ·· 177

户外活动

　　下了多大的雨？ ·· 179

杂乱的材料区

　　漂浮物和沉底物 ·· 181

　　把它带到船上 ·· 184

　　冻结它 ·· 186

　　弹珠捕手 ·· 188

快速检查：玩水活动

　　水变成冰又变成水 ·· 191

杂乱的材料区和小组活动

　　传递水 ·· 193

杂乱的材料区

　　液体密度 ·· 196

　　水上搬运工 ·· 199

　　水压推动器 ·· 201

　　什么能盛水？ ·· 203

检查要点：玩水活动

　　沉或浮：这是一个问题 ·· 205

第七章　光与影 ·· 207

引言 ·· 207

艺术区

　　彩盒 ·· 209

太阳图片 ·· 211

探索区

光源拼贴画 ·· 213

探索区和小组活动

透明，半透明，不透明 ································ 215

探索区

皮影舞 ·· 217

挡住光线 ·· 219

快速检查：光与影

看还是不看 ··· 221

探索区

星星室 ·· 223

表演区

睡衣派对 ·· 225

集体活动

寻光器 ·· 227

户外活动

时钟周围的岩石 ······································ 230

树影 ·· 232

检查要点：光与影

我们的光影书 ·· 234

第八章　了解我们的世界 ··································· 237

引言 ·· 237

艺术区

绘制：尺寸问题 ······································ 239

探索区，户外活动和小组活动

热点 ·· 242

回收 ·· 244

户外活动
　　动物观察员 ··· 247
　　鸟无处不在 ··· 249
快速检查：了解我们的世界
　　与朋友分享 ··· 252
户外活动
　　云的照片 ··· 254
　　挖掘蒲公英 ··· 256
　　羽毛风量仪 ··· 258
　　匹配最佳的树 ··· 260
　　绘制我们的世界 ··· 262
　　拍出我们的世界 ··· 264
　　我们周围的声音 ··· 267
检查要点：了解我们的世界
　　欢迎来到我们的世界 ··· 269

儿童读物索引 ··· 271

第一章
幼儿园课堂中的科学

我们知道，儿童通过动手做要比坐着听学到的内容更多，我们也知道，儿童带着多样的背景、经验和知识来到学校。本书为教师提供了在不同的情境下能让儿童激动、为他们带来智力挑战的有目的的活动。

幼儿科学教育目标

以下目标为幼儿的科学学习奠定了基础：

1. 提供支持幼儿积极探究的环境；
2. 促进幼儿对基本问题的解决能力的发展；
3. 培养优秀的科学问题解决者；
4. 提高幼儿在科学、数学和技术方面的专业意识；
5. 帮助幼儿通过有意识的努力，消除对科学的偏见，从而提高对科学学习的兴趣和自信；
6. 提高幼儿对科学原则、规律的认识，为其清晰、准确地理解世界的发展奠定基础；坚实的基础可以降低幼儿获得错误概念所带来的风险，而这些风险可能会阻碍他们日后对更复杂的科学概念的理解。

缩小科学主题范围，促进成功学习

儿童活动指南通常包含一些分散的、需要幼儿掌握的科学概念和术语。想一想前面弗雷德和玛丽亚在手工课上挣扎的例子，仓促地接触科学可能无法使幼儿学习到丰富的概念，而发展丰富的概念可以通过使用更连贯和更系统的方法来实现。本书涉及三种基本的科学过程技能，能够使3—4岁的儿童完全沉浸在其发展能力范围内的科学过程中。通过关注少量的核心概念，儿童将有足够的时间花在材料和概念上，以便掌握它们。

本书为培养儿童对三种基本且关键的科学过程技能的理解提供了许多方法：

- 聚焦观察；
- 观察分类；
- 组织和交流观察结果。

通过探究艺术区、积木建构区、探索区、表演区、读写区、杂乱的材料区和户外活动，儿童将获得很多观察、分类和交流的机会。你可以通过向儿童询问问题、观察儿童的工作来支持他们发展这些技能。

聚焦观察、观察分类、组织和交流观察结果

聚焦观察

聚焦观察可以使教师对儿童正在进行的观察的类型进行质量监控。儿童会在头脑中记下观察结果，并将其应用于其他情境中，以便理解正在做或正在学习的事情。

由于幼儿会将他们现在得到的观察结果作为未来理解的基础，教师在教学中需要考虑两个方面：第一，在活动中注意引导幼儿观察，因为幼儿如果没有进行任何观察，就很难理解概念；第二，幼儿依据自己的认识来理解所观察到的事物，有些理解正确，有些理解错误。

随着时间的推移，儿童会越来越熟悉观察流程，这使他们能够关注到更多细节并提出更多问题。教师可以通过班级发现书、儿童的讨论和自己的观察结果评估儿童对科学概念的理解。

观察分类

儿童天生就会对物体进行分类，你可以在活动之前观察到儿童的分类行为。当儿童开始收集小物体和材料并把它们聚集在一起时，简单的分类行为就会发生。鼓励儿童分享自己的想法——"你为什么把这些东西放在一个地方呢？"，从而激励儿童发展分类技能。儿童的回答可能会表明他们已经确定了物体的某一个属性，并且正在根据该属性进行选择。如果是这样，这些儿童会很快学会其他的分类技能并成为一个熟练的分类者。要特别注意那些一开始没有表现出强烈的分类、组织愿望的儿童，鼓励他们运用观察技能，强调成为一个优秀的观察者的重要性。

组织和交流观察结果

科学可以帮助儿童了解世界的秩序和结构。自由探究、聚焦观察和观察分类是儿童开始在他们的世界中建立秩序的最初技能。教师的任务是鼓励儿童发挥最大的潜力描述他们的观察结果，教师需要作为助手，提出问题、提供词典、鼓励儿童"说更多"或者表现他们知道什么。有些学前儿童能理解的事物比他们能说的还要多。教师要接受其他形式的交流，让儿童充分地表达自己的想法。这个年龄段的儿童处于探索书写和绘画的时期，教师也可以鼓励他们使用这些正在萌发的技能来交流。

支持新型语言和读写技能

在学前阶段，儿童的语言会变得越来越复杂，他们会提出很多问题。"为什么"的问题会被不断提出，你必须认真倾听、回答孩子们的问题（不是那些你所认为的应该回答的问题），同时要引导他们想出解决问题的方法，帮助儿童发展语言技能是一种鼓励他们交流科学问题的好办法。

描述性语言

描述性语言是一种儿童正在萌发的需要成人支持的技能。鼓励儿童使用感官，帮助他们找出用以描述观察结果的词语。在小组时间，讨论孩子们的共同经历和所见所闻。当你拿着一只沙鼠、用放大镜观察蜗牛时，或者在玩水、倒水时，可以给幼儿示范描述性语言。和幼儿一起通过"假设"的方式来表达问题——"我想知道仓鼠是否喜欢吃香蕉。""我们如何才能知道鱼能否听到声音？"

比较性语言

学前阶段的儿童开始理解关系术语，如"大"和"更大"、"重"和"轻"、"长"和"更长"。当你和幼儿一起工作时要经常使用比较性语言。当你和幼儿在课堂上一起调查、探索和发现时，这些科学探究活动会为幼儿带来更多使用比较性语言的机会。在这个过程中，幼儿也能学到更多反义词，如："长"和"短"，"空"和"满"。当幼儿观察时，教师应该鼓励他们把观察结果进行比较和分类。

语言发展

本书中的活动为幼儿提供了许多学习语言和读写的机会。语言是探索和发展概念的重要工具。当幼儿使用语言和符号分享观点和观察结果时，会运用到很多语言技能。

作为教育者，我们的工作是让幼儿分享他们知道的任何内容，让分享成为提升交流技能的机会。在此背景下，本书将：

- 提高幼儿使用词语的有效性、扩展其词汇量，帮助幼儿准确地描述他们的观察结果并分享他们的发现；
- 允许幼儿选择自己的交流方式；
- 使幼儿进行小组体验，学习使用多种类型的语言和读写方式；
- 让幼儿熟悉提问和寻找答案的过程（这一过程经常让他们感到困惑）；
- 介绍可供选择的交流方式，如示范、绘画、制作图表、书写和口述；
- 关注有效的交流、有趣和精准的内容，而不是准确的语法；

■ 通过有意义的交流鼓励幼儿分享和合作。

追踪教室里读写和语言能力的发展

语言是儿童交流观察结果、明确科学探究问题的手段，下面几种方式可以用来追踪儿童的兴趣和语言的运用能力，进一步记录儿童如何通过科学发展读写能力。

发现表

发现表可以加强儿童对口头语言与书面语言之间的联系的理解，他们开始意识到书写是在"纸上说话"，使用图表更加便于儿童通过书写表达。因此，他们的发展遵循本书的进程。每个活动的第一部分是儿童在区域里的自由探索和观点扩展，同样，每个发现表的开始也是简单的和开放的。

例如，有的发现表标题可能是"你能告诉我们哪些物体会移动吗？"或者"你怎样移动球、积木或你的身体？"，发现表中的评论可能如下。

拉蒙特：我按了车上的按钮，车子跑得非常快。

艾比：我可以跑得很快。

提莎：我也跑得很快。

你和儿童经常一起重读发现表，有助于其理解书面语言的本质——在每次读发现表时，同样的发现表在表达同样的事。这也向儿童传达了一个消息：你很看重他们说的话，他们做的事情非常重要，值得被记录和铭记。

发现书

发现书是本书的关键部分，发现书可以激励幼儿探索、为幼儿提供与他人交流的方式、支持其读写技能的发展。回顾书籍、看自己的作品、提醒自己做过的活动，对幼儿来说是非常有意义的经历。

为每个调查活动制作发现书，你可能想制作多本书，每本书只涉及一个活动；你也可以制作一本涵盖这一章全部主题的通用书。制作一本发现书最简单的方法是把几张白纸钉在两张封皮之间，让儿童装饰封面。为了使书籍更结实、便于搬运，最好用塑封过的封皮或用背胶纸封皮。

班级之间可能会互相借阅书籍来比较研究结果，考虑使用图片或视频记录经验，要求幼儿提供说明或叙述。

发现日记

发现日记是幼儿个人的记录册，每个幼儿都能在上面写或画自己的发现和观察结果。教师需要和孩子们讨论创造性绘画和科学绘画之间的不同，指出发现日记是科学绘画，幼儿需要把所看到的事物画在纸上。例如，孩子们可以在创造性绘画中把小鸟画成他们喜欢的任何颜色；但当在发现日记上画小鸟、青豆或虫子时，他们应该仔细考虑应该使用哪种蜡笔或记号笔来准确地呈现所看到的东西。教师需要帮助幼儿完善这个过程，幼儿也可以根据自己的发展水平来写标签或说明，或者口述信息让教师帮着写。

科学词汇

本书中的每一个活动都包含一个词汇表，上面有幼儿需要理解的术语，以便幼儿更充分地理解他们正在探索的科学概念。对学前儿童来说，单词看起来很简单，但是理解"轻和重"或理解科学家如何界定"动物"这个词语就是挑战。与学前儿童合作，来帮助他们对你在课堂上介绍的词语有更广泛的理解。

数学与科学

数学和科学以一种自然和实用的方式结合在一起，数学是科学家们交流的一个重要的学科内容，也为幼儿交流和分享发现结果提供了一种有效的方式。

学前儿童开始理解一对一的对应关系和有目的的数数，他们可以用手和天平来比较质量。本书提供了许多概念（如：更多和更少、相似和不同、大小关系和顺序排列、比较和分类）供幼儿学习。

本书并不是孤立地教幼儿一些概念，而是给他们提供一个以统一的方式获得科学和数学知识的机会。将数学概念与科学经验联系起来的实践经历使幼儿逐渐内化数学技能，增加了他们在成长和学习过程中理解和欣赏数学的机会。

自 由 探 索

幼儿拥有了解的需要,这种天生的好奇心是一种基本的求知欲,就像呼吸和饮食一样,是生命的一部分。自由探索是指孩子们按照自己的节奏进行观察和探究,以满足对自然和周围环境的好奇心。如果要孩子们保持对学习的好奇心和热情,那么教师就应该允许他们以自己的速度自由探索,而不必担心会得到"错误"的答案,这非常重要。在一个安全舒适的环境中,孩子们能够以自己的方式满足他们自然的渴望,为关于"为什么""是什么""如何做"和"何时做"的问题寻找可能的解决方案。为了实现这些,教师应该:

- 让儿童熟悉材料;
- 让儿童自己去观察和发现,对观察发现的事物感觉良好;
- 通过让儿童控制自己的行动来建立自尊;
- 不提供正确或错误的答案,这样儿童就不会遭遇失败;
- 提供不具威胁性的学习时间;
- 根据儿童的学习节奏教学。

书中的每一章都以自由探索的想法和建议开始。

自由探索的作用

为了更有效地促进自由探索,一个科学项目必须强调与环境(包括自然与社会环境)的相互作用。简单的设备和材料能够为孩子们提供无限的以自己的方式探索的机会。在可接受的行为范围内不设限制,让儿童自由探索。这对成人来说可能会很难,因为我们常常会在这个学习阶段介入儿童的活动,用非儿童发起的问题和挑战阻止儿童与生俱来的好奇心,而儿童常常对这种干扰没有准备。该阶段的学习是儿童以自己的方式玩耍和探索材料。在儿童将这些材料看作学习资源之前,自由探索和玩耍是必须满足的需求。

对成人和儿童来说,自由探索是好的科学学习、好的教学和有效学习所提倡的。作为成人,我们已经学会了如何比儿童更快地完成操作过程,但作为成人,我们如何学习一项新技能呢?

假设你要做一个桌子，但是你之前没有做过任何木工。你要去买一些木材和工具来开始工作吗？并不是，你应该从自由探索开始。你也许会向那些有丰富经验的人寻求帮助，也许会借一两本书阅读一下关于木工的知识。你在木头碎片上练习，而不是在优质的胡桃木板上。你练习得越多，你期望的表现就越好，你对自己的技能越有信心，你就越能实践和增进你的技能。经过不懈的努力，你最终会学到足够的知识来打造你想要的桌子。这是一个缓慢的学习进程——从缺乏经验到拥有经验，再到不断地丰富经验——对成年学习者来说是一个自然的过程，也是孩子们在有机会的情况下学习的方式。

邀请家庭参与科学探索

作为儿童的第一任养育者和教育者，父母既有权利也有责任参与子女的正规教育。近几十年来，在各种教育环境中进行的研究表明，父母和其他家庭成员在家庭中建立良好的学习环境、激发孩子的学习兴趣和支持孩子天生的好奇心，有助于培养孩子良好的学习态度，帮助孩子取得良好的学业成绩。此外，参与教育的父母和其他家庭成员也会对学校及其教育目标表现出更积极的态度。

家庭参与

在家长会上介绍幼儿园科学

举办家长会是邀请家长参与学前儿童科学探索活动的一种方式，在会议上你可以与家长讨论科学活动项目和实施计划。家长将参与本书介绍的活动，并和材料进行互动。参加完会议后，家长将更熟练地支持孩子的学习，与孩子讨论、探索科学概念。本次会议的主要重点是告知家长，幼儿园非常重视与家长的合作，愿意共同参与孩子的教育。

家庭志愿者

幼儿园可以为家长提供在学校和家里做志愿者的机会与途径。家庭志愿者可以通过分享自己的技能、个人专长和探索的热情，丰富幼儿的学习过程，拓展学习环境。

班级学习区

书中的活动设计可用于教室里的所有活动区，每个学习区的游戏都为儿童探索科学概念和获取信息提供了无限的机会。对儿童进行科学教育可以在任何环境中进行，就像科学及其应用渗透在成人的生活中一样。

班级学习区究其本质而言，能够促使儿童自己解决问题和积极承担风险，因为儿童在很大程度上自己学习。他们在探索概念的过程中学习独立决策，并且他们所探索的概念可以帮助他们进一步学习科学，而不只是文字和事实。

学习区

艺术区

艺术区为儿童提供了与促进自我表达能力、精细运动技能、手眼协调和创造力的发展相关的材料，以及探索、试验、计划和展示的机会。当儿童进行探索活动时，他们会发现各种材料的用途、物理属性以及如何在可预测和不可预测的结果下操作这些材料。在介绍材料时，教师需要向儿童展示如何爱护它们，从而提高材料的使用度，使儿童更有效地使用它们。

在使用新材料的早期阶段，儿童的注意力显然集中在操作、感官探索以及掌握和控制的过程上。当儿童第一次开始绘画时，他们的主要兴趣是在纸上画，许多儿童会反复用颜料覆盖整张纸，其他儿童会画一些线条和形状，然后用另一层颜料覆盖它们，他们享受着画笔在纸上的感觉和过程，几乎不关注成品。

当儿童渐渐熟悉材料后，他们会自我激励，为给定的结果做计划，他们的工作变得更加精细、有条理。如果允许儿童以自我指导的方式自由地运用各种媒介，他们会开始进入越来越复杂和巧妙的过程。当你介绍新材料和新技术时，儿童会带着好奇心和创造力接近它们。

当儿童使用艺术区中的各种材料时，他们将学习如下内容。

- ■ 聚焦观察。儿童使用感官去探索、实验，发现各种材质、视觉特性和其他材料的特性。
- 观察分类。儿童学习媒体和设备的功能与使用方法。
- 组织和交流观察结果。儿童一同工作，与教师和其他同伴分享经验，讲解他们创作的标签和故事。
- 平衡与稳固性。儿童使用三维材料来创建结构物。
- 空间关系。儿童进行创意拼贴、搭建或编织，并选择在纸上放置材料或蜡笔的位置。
- 材料的物理属性。儿童发现不同媒介的各种可能性。

积木建构区

积木建构区是幼儿园教室里的一个重要区域，是一个能够让儿童探索和调查的激动人心的地方。当儿童在积木建构区发展他们的技能时，一种自然的发展发生了。儿童开始通过推和拿着积木来探索积木的特性，他们以自己的速度循序渐进地探索空间结构，从平面结构到堆叠、围墙、桥梁和装饰结构。一个有着丰富的积木建构经验的儿童会有目的、有计划地建构复杂且组织良好的结构。除了需要遵守简单的安全和储存规则外，儿童在玩积木的过程中几乎不受限制。他们不断探索、挑战自己，确信自己总能再试一次。在思考如何支撑坡道、加固塔楼以便把它建得更高时，以及在确定哪一块积木可以精准地放到建筑物上时，儿童就会用到问题解决技能。

当儿童在积木建构区时，他们将会学习如下内容。
- 聚焦观察。儿童比较、观察和操作材料。
- 观察分类。儿童根据形状、大小、颜色或其他特征对材料进行分类。
- 组织和交流观察结果。儿童自己选择分享观察结果的方式。
- 平衡。为了防止搭建的作品不倒，儿童小心地放置积木，使用视觉平衡原理来搭建对称物。
- 稳固性。例如，儿童创造最好的结构以便搭建更高的建筑物。
- 空间关系。儿童用积木进行包围、连接、架桥、覆盖等操作或使用积木进行填充。
- 简单的机械。儿童操纵杠杆、坡道和滑轮。

探索区

探索区是本书的核心，包含了儿童在其他区域持续探索所需的材料，为儿童使用科学工具提供了场所。儿童在探索区或其他区域探索的过程中逐渐学会熟练地使用平衡仪、天平、放大镜或测量设备，并且需要将这些工具与各种各样的自然或人工材料一同使用。他们会看到探索区的工具和材料包括一些日常用品和特殊的"科学"工具。

儿童需要有很多机会进行观察，对观察结果进行分类，并在一个材料、设备和经验丰富的环境中交流。材料储备丰富的探索区既可以作为新发现的实践区，也可以作为一个更传统的科学中心，探索区的材料应该是坚固的、简单的和易操作的。如果空间不能设置成永久的区域，就可以在区域中投放一些方便拿取和轻松储存的材料。

探索区应该包括以下基本设备：

- 护目镜；
- 颜料罩衣或工作服；
- 放大装置，如放大镜、昆虫盒和双向放大镜；
- 双盘天平；
- 勺子、铲子、滴管和镊子；
- 容器，如碗、瓶子、杯子；
- 分类和储存容器，如鸡蛋盒、带盖的透明塑料瓶；
- 用于分拣的纸板或塑料泡沫食品包装托盘；
- 用于测量长度和质量的非标准单位部件，如大型金属垫圈、量杯和连锁方块；
- 书写材料；
- 清理设备，如桶、海绵、集尘盘、扫帚。

当儿童在探索区时，他们将学习如下内容。

- 聚焦观察。儿童在区域里用感官探索自然或人造材料。
- 观察分类。儿童学习根据各种特征对收集到的物体进行分类。
- 组织和交流观察结果。儿童与教师和同伴分享观察、发现的结果。
- 平衡。儿童使用不同类型的天平。

- 材料的物理特性。儿童探索、操作工具和材料。
- 量化。儿童使用标准和非标准的测量设备来测量物体。

表演区

表演区为孩子们提供了角色扮演、尝试、装扮以及表演熟悉的和想象的经历的机会。儿童在这个区域里学习相互交流、解决问题和有效沟通的方法。和在班级的其他区域里一样，他们刚开始常常会摆弄物体，了解如何使用它们。他们可能玩装扮游戏，在厨灶上放很多东西或给洋娃娃脱衣服。儿童在表演区扮演各种各样的角色，儿童的游戏也会逐渐变得具有社交性。表演区也为儿童提供了探索身体如何运动和如何变换动作的机会。

当儿童在表演区时，他们将学习如下内容。

- 聚焦观察。儿童用感官进行探索、实验，以及发现材料的材质、视觉特点和其他特性。
- 观察分类。儿童比较具有相似特征的影子和动作。
- 组织和交流观察结果。儿童找到分享其观察结果和扮演各种角色的方法。
- 比较。儿童能够识别相似与不同的影子和动作。
- 预测。儿童描述他们对影子的看法（"影子会是什么样的？"）。
- 恒常性。儿童意识到镜像与被反射的物体是一样的。
- 变化和时间。儿童意识到我们的活动是怎样随着时间变化的。

读写区

在开始每一章的活动之前，教师需要去图书馆查阅书籍。本书强调儿童体验真实的事物，但教师不能把整个世界都带进教室。儿童需要学习利用资源来扩展他们的知识。每个活动中都附带了适合该年龄段儿童阅读的图书的推荐清单，一些图书直接涉及科学概念，但是许多图书的内容比较广泛。例如，安·莫里斯（Ann Morris）的《帽子，帽子，帽子》（Hats, Hats, Hats）绘本中展示了世界各地的帽子，能够帮助儿童加强"相似与不同"的概念。很多文字复杂的图书都附有插图，可以引发儿童的阅读兴趣。

海报和录音设备也可以增加该区域的趣味性。教师可以在读写区展示发现书、发现表和儿童作品。当教师使用书籍、杂志、海报、布告栏、图片、卡片和游戏材料布置教室环境时，教室就会成为一个支持儿童学习的强有力的场所，这些材料会让儿童了解到一些无法被带进教室的事物。

杂乱的材料区

沙子、水和土壤是儿童探索科学和经验的绝妙媒介。这些材料为儿童提供了丰富的感官经验，对儿童来说具有内在的吸引力。

当儿童第一次接触流体材料（如沙子和水）时，他们需要简单地体验并学习管理它们，如果有材料，那么即使是3岁的孩子，也可以学习使用扫帚和海绵。如果你想让幼儿在教室里使用潮湿和杂乱的材料，就有必要教会孩子们对材料的管理技能。

流体材料能为儿童提供许多机会来熟悉如何使用双盘天平、漏斗、筛子等工具。在早期阶段，儿童只是简单地倒、舀、填、扔，同时探索材料的质地、气味、重量和外观。他们专注于触觉，学习教师提供的各种工具（如杯子、筛子和勺子）的用途，他们也学习不同材料在同一设备上的不同表现形式。当儿童逐渐熟悉材料和工具后，他们的活动变得有计划、有组织，他们开始学习借助漏斗灌满容器。

当儿童在这个区域时，他们将学习如下内容。

- 聚焦观察。儿童比较、观察和操作不同材质、气味、密度的材料。
- 观察分类。儿童根据大小、颜色和形状进行分类。
- 平衡。儿童使用双盘天平做比较。
- 稳固性。儿童学会将物体放在漂浮的托盘的中心，以保证托盘不会倾斜和下沉。
- 空间关系。儿童研究容积，发现一些容器比其他容器装得多。
- 材料的物理特性。儿童在玩沙水时会遇到挑战，他们会以具体和有意义的方式思考体积、测量和比较的方法。

户外活动

儿童认为自然世界是迷人的，他们对周围环境有永不满足的好奇心。教师可以利用这种热情为儿童设计发展适宜性的经验，来挑战和扩展他们的学习。户外世界为本书的主题探索提供了一个全新的途径，我们可以充分利用任何户外环境中的丰富的资源。

早期幼儿项目中环境教育的重要程度反映了人们对环境问题和地球未来的关注。这个年龄段的环境教育帮助儿童发展采取保护环境的行动所需的知识、技能和态度，这些行动可以防止环境进一步被破坏，能够促进社会可持续发展，从而确保地球上的生命的未来。培养幼儿可持续发展的态度和行为有助于培养出对环境负责的成人。

带幼儿去学校操场上隐秘的地方，让他们享受户外时光，可以同他们谈论安全问题和保持近距离以便能听到教师的指令的重要性。这也是一个和他们讨论乱扔垃圾、尊重生物等环境问题的恰当时间。例如，幼儿常常想摘花而不是把它们留下，以让他人欣赏鲜花的美丽。

在这段时间里，儿童以自己的方式和节奏探索。他们需要这种自主探索的自由，这样当他们被要求专注于某些户外项目或活动时，就不太可能游离于活动之外。

虽然儿童大部分的户外活动是在学校周围，但其实去其他地方活动也很有趣。去森林、草原和浅水区进行实地考察对儿童来说可能就是很大的冒险旅行。对一个不到1米高的儿童来说，爬一个小山丘就是一次登山冒险。在游玩时，教师需要再次强调安全和保护环境的重要性，并利用这些实地考察的机会与儿童讨论如何保护我们的世界。

当儿童在户外活动时，儿童将学习如下内容。

- 聚焦观察。儿童利用感官探索、调查、发现大自然提供的材料。
- 观察分类。儿童对他们在户外收集到的各种类型的物品进行分类。
- 组织和交流观察结果。儿童清点他们的收藏品，分享所见所闻，并为他们的作品写说明。
- 平衡和稳固性。儿童在木头上行走时学习平衡和稳固的概念。
- 空间关系。当儿童选择如何在纸上放置物体进行复印时，可以发展对空间关系的感知力。
- 材料的物理特性。儿童发现大自然中各种难以置信的现象、材质和气味。
- 变化和时间。儿童一年四季都在观察自然环境的变化。

小组活动

小组活动是一群儿童一起进行的活动。当其余儿童正在其他区域里或者正在进行其他活动时，教师、助手和相关人员要在每一个小组中开展这一活动，以保证每个儿童都有机会参与。这样每一个儿童都会获得与材料互动的丰富经验和同老师合作的机会。

储存及管理小贴士

储存空间要经过深思熟虑的设计以满足每个班级的教学需求，设置不同类型的储存空间是有必要的。放大镜、纸、天平等材料应该在任何时候都可使用，提高利用率并鼓励儿童找到新功能。设置架子、钉子和桌板对存储很有帮助。

有些不常用到的材料要放置在远离通道的位置。根据我们的存储经验，教师可以买一些折扣店的塑料存储桶（有盖子，有各种尺寸，容易堆叠），它们可以帮助教师把整套材料放在一起。盖子透明和多种颜色的桶使用起来较为灵活，教师既可以为幼儿提供存储桶，也可以将其放在儿童碰不到的地方。

除此之外，教师也要考虑以下事项。

- 活动区要无杂物。
- 确保架子、桌子或者地板上有儿童长时间摆放材料和学习的地方。
- 区域应该易于清理，清洁材料随时可用。对事故和混乱负责任应是科学训练的一部分。
- 儿童需要足够的自由、时间、设备和被精心整理且能够接触到的材料，这样他们才能全身心地参与科学学习。

评　估

本书中的评估及评价程序便于幼儿教师在课堂环境中获得一些实用信息。评估与评价和教学紧密联系并嵌入活动中，消除了许多活动结束时"附加"评估的不良影响，这种"附加"的评估就像火车车尾一样。而火车的引擎分布在长长的车厢里，为学习活动提供动力和目的。

真实性评估

作为教育工作者，我们的兴趣在于提高儿童的技能，扩大他们对世界的认识。为了确保我们在教育方面的努力达到这一预期目的，我们需要不断地监测儿童的发展。持续的评估应该与课堂上的教学方法一致，而不是不符合儿童处理信息的年龄特点、产生挫折和压力的、非恰当的、高风险的评估方式。

当你将评估措施与课程和学习环境中使用的教学方法紧密联系起来时，你就是在使用真实的评估。本书使用真实的评估措施，教师和儿童都认为评估是学习过程的延伸。

注意你班上幼儿发展水平的多样性。在你的评估中，任何东西都不应该阻碍幼儿探究技能的发展。让他们现在对科学探究持反对态度很可能会影响他们的一生。培养幼儿思考、探索和寻找问题答案的意愿，对培养他们良好的问题解决能力至关重要。

课程嵌入式评估

每一个活动都包含了观察和评估儿童科学学习的方法，每一章都包含"快速检查"和"检查要点"活动，这些嵌入式评估提供了儿童如何发展技能和理解概念的观点。

快速检查活动能对儿童如何学习主要的活动概念进行持续评估，这是独立测评儿童学习的简单而快速的技术。这些活动也能为儿童的学习提供参考点，当你在教室里进行额外的调查活动时，就可以在已有的检查结果基础上进行。

在快速检查活动的"近距离观察"部分，可以使用以下四个水平评估儿童对活动概念的理解程度，这四个水平上的能力表现直接反映了儿童对概念的理解程度以及他们的发展水平。

◎水平一：展示
通过执行与所探索的概念相关的探索任务，儿童能够表现初步的理解水平。
◎水平二：描述
儿童能与教师讨论正在探索的概念。

◎水平三：绘画

儿童能画出正在探索的概念。

◎水平四：书写

儿童能够书写或口述正在探索的概念。

发现表

你在一项活动开始时创建的发现表可以作为一个很好的预评估工具，能够让你了解儿童总体知道哪些或者可能拥有的错误概念。当你花时间去参考旧图表、添加新内容或者创建新图表时，它就可以帮助儿童了解他们正在学习的方法。将发现表作为课堂体验的一部分，你将获得包含儿童在特定活动中学到的主要知识的依据。

关于这本书

这本书的大部分内容由很多关于科学主题的活动方案组成。在每项活动方案中你都会看到以下部分。

- 活动名称及简介
- 科学内容标准
- 科学过程技能
- 科学词汇
- 材料
- 怎么做
- 简单操作
- 增加挑战
- 观察和评估儿童的科学学习
- 儿童读物
- 主题连接
- 科学课程

每项活动可能还包含一种或多种涵盖主题的提示。

- 有特殊需要的儿童
- 双语学习者
- 家庭参与
- 结合科技
- 使用博物馆和社区资源

除主要活动外，每章都有一个"快速检查"活动（章中间）和一个"检查要点"活动（章末尾）。

"快速检查"活动与主要活动类似，在"怎么做"部分之后还有一个"近距离观察"部分，这一部分包含四个新内容，能够让教师有机会观察儿童的探索与本章概念相关的各种技能：

- 展示
- 描述
- 绘画
- 书写

每一章末尾的"检查要点"活动让教师有机会评估儿童对"相似与不同""玩水""光与影"等主题的探索。

第二章

相似与不同

科学概念

本章将探讨以下科学概念：

1. 我们生活的世界中有许多物体或物质形式具有相似的性质或特征；
2. 许多物体或物质形式具有不同的性质或特征；
3. 我们可以依据物体或物质形式的相似点和不同点来进行分组。

引　言

本章的活动引导儿童对"相似"和"不同"这两个词形成基本的理解。它为儿童的科学发现和观察技能的发展奠定了基础。更重要的是，这些活动帮助儿童培养专注的观察技能，并发现各种形式的物质的独特性质或特征。一旦儿童对"相似"和"不同"的概念有了经验，他们就可以使用新技能完成通过观察物体的性质和特征来对其进行分类的复杂挑战。

在科学的世界里，一切都由物质构成。物质的特性使我们能够根据这些特性将材料进行分类。例如，有些物质是有磁性的，有些则不是。有些物质可以在水中漂浮，有些物质则会在水中下沉。我们根据这些相似点和不同点将物体进行分类。成年科学家以非常复杂的方式对物质进行分类，而小小科学家则从相似与不同点开始。

准备

将以下材料和其他有趣的物品放在探索区或教室里其他适当的地方，供儿童在自由探索时间进行探究：

- 磁铁；
- 吸引和不吸引磁铁的材料；
- 要分类的对象，如按钮、弹珠、硬币、石头和贝壳；
- 纹理系列，如各种面料、窗纱、砂纸、木片、瓷砖等；
- 叶子系列；
- 图案积木块或其他多种形状的积木块；
- 螺母和螺栓系列；
- 羽毛系列；
- 成对的物体，如岩石、贝壳和坚果。

自由探索

教师通过与儿童谈论各种物体具有哪些相似与不同的性质，让儿童开始自由探索。给儿童看一些有趣的东西，也许是各种各样的贝壳、石头和小玩具，其中包括一些配对的玩具。让儿童选出相似的物体并说出原因，问儿童："它们的颜色一样吗？它们还有哪些相似点？也许它们的形状和大小一样。"对于不同的物体，也让儿童这样做。当儿童分享他们的想法时，把它们写在"物体的相似与不同"发现表上。你可能还需要制作一张图表——其中一列用于表示一对相似物体的图片，另一列用于表示一对不同物体的图片。

让儿童有充分的机会在教室里研究新材料。虽然儿童在第一次探索这些材料时可能需要一些指导或建议，但教师要尽可能地让他们自由探索，而不是过度指导他们的探索，这一点很重要。

现在是时候开始制作这项探究的发现书了。你可能想要制作多本发现书，每本书涉及一个特定的活动。或者制作一本有图画和说明文字的通用书来展现儿童在物体的相似与不同方面的学习记录。儿童也可以在自己的发现日记中画画、书写或口述他们所做的和所观察到的事物。

蜡 笔 线

在这个活动中，儿童会进行简单的分类。儿童将按颜色对蜡笔进行分组，然后将每组蜡笔排成一列。一旦蜡笔排列好，儿童就会用他们的非正式测量技巧，通过视觉来判断哪一种颜色的蜡笔线最长。

科学内容标准

儿童会注意并利用物体之间的异同点，按颜色属性将物体分组；儿童将会识别出最长的线。（科学探究；物理科学——物质的特性）

怎么做

1. 让儿童挑战按颜色对蜡笔进行分类，分成两堆。告诉儿童把颜色相同的蜡笔放在一堆，把颜色不同的蜡笔放在另一堆。如果儿童有困难，教师可以示范：从红色开始。把红色蜡笔放在一边，然后把所有颜色相似的蜡笔放在它旁边，把其余的蜡笔放在另一边。接着问儿童："你认为哪种颜色的蜡笔排列出来的线最长？让我们找出答案。"

2. 在地板上平行放置两条长的纸胶带。教儿童如何把一种颜色的蜡笔沿着一条胶带的边首尾相连地排列。

3. 当儿童将同一种颜色的蜡笔都排成一条线后，在蜡笔线结束的地方用该颜色的蜡笔在胶带上画一条线作为记号。把蜡笔放在原位。

4. 让儿童重复这个过程，将第二种颜色的蜡笔沿第

科学过程技能

- 观察分类
- 线性测量

科学词汇

- 颜色词
- 图
- 组
- 线
- 最长的
- 测量
- 最多的
- 分类

材料

- 许多不同颜色的蜡笔（至少包含两种颜色，如红色和黄色）
- 纸胶带

儿童读物

帕姆·穆尼奥斯·瑞安（Pam Munoz Ryan）、弗兰克·马佐拉（Frank Mazzola，插画师）、杰瑞·帕洛塔（Jerry Pallotta）的《蜡笔计数册》（*The Crayon Counting Book*）为儿童提供了另一种用蜡笔玩耍和学习的方式。

主题连接

颜色

- 儿童还能找到哪些能根据颜色和测量结果分组的物体?

朋友

- 让所有穿牛仔裤的儿童从头到尾排在所有不穿牛仔裤的儿童旁边(就像蜡笔一样)。哪一组儿童排列的队伍最长?儿童还能想出其他的方法来进行分组和测量吗?

二条胶带排列。

5. 当儿童开始测量时,问儿童哪一种颜色的蜡笔排列的线最长。探讨显示的结果:胶带上的标记表示每一条蜡笔线的长度——"我们做的标记或测量结果告诉我们哪一种颜色的蜡笔构成的线条最长,甚至当我们收回蜡笔时也可以知道。"
6. 鼓励儿童用同样的方法测量其他颜色的蜡笔。

简单操作

- 对蜡笔进行提前分类,以提供给儿童颜色线长度明显不同的蜡笔组。儿童可以看到,一种颜色的蜡笔线很长,而另一种颜色的蜡笔线很短。

增加挑战

- 一旦儿童知道如何用一条胶带测量每一种颜色的蜡笔线,教师就可以告诉他们如何用同一条胶带测量数条蜡笔线。

观察和评估儿童的科学学习

- 使用两种不同颜色的蜡笔,儿童能准确地区两种颜色吗?
- 当蜡笔排成一条线时,儿童能告诉你哪一种颜色的蜡笔组成的线最长吗?

科学课程

语言与读写——鼓励儿童在对蜡笔进行分类和排列时说出颜色词。当儿童谈论哪条线最长、哪一种颜色的蜡笔最多等内容时,他们就使用了比较性语言。

数学——与儿童讨论如何根据蜡笔线的长度来

estimate两种颜色的蜡笔的数量。让儿童数其中一组蜡笔的数量，然后用这个信息来估计另一组蜡笔的数量。

【注意】只有在蜡笔的长度相同的情况下才可以这样做。如果你使用了许多破损的蜡笔，基于线条长度的估量将是不准确的。

户外活动——让儿童在户外寻找并收集一些材料，把它们排在一起比较。儿童可以使用人行道的边缘或粉笔线作为参考线。也许他们可以从两棵不同的树上收集树叶或树枝来进行比较。

【注意】此活动需要教师进行仔细的检查，以确保叶子被分好组。然后，教师可以问儿童他们收集到的东西："你有石头和橡子吗？蒲公英花和三叶草叶呢？"让儿童收集垃圾，按类型分类（如纸类和非纸类），并确定哪条线最长。在活动结束后，教师引导儿童把垃圾放在适宜的地方，如垃圾箱或回收箱。

双语学习者

在儿童整理蜡笔时，教师可鼓励儿童适当地重复关于颜色的单词。邀请儿童用母语说出颜色的名称。

有特殊需要的儿童

在地板上绑一段晾衣绳，可以为有视觉障碍的儿童提供摆放蜡笔的触觉向导。

我的彩色书

科学过程技能

- 聚焦观察
- 观察分类
- 组织和交流观察结果

科学词汇

- 相似的
- 颜色词
- 不同的
- 相同的

材料

- 儿童剪刀（每人一把）
- 杂志
- 胶带
- 在校园里收集到的材料
- 可重复密封的塑料袋（每个幼儿几个）
- 订书机
- 三环活页夹（可选）

儿童可以使用可重复密封的袋子来制作书籍。每本书都不同，因为每个儿童都会用独特的方法来选择图片并按颜色分类。然而，每本书的颜色都是一样的。儿童在本活动中会探索这些书的异同。

科学内容标准

儿童会注意并利用图片和物体之间的异同，根据颜色属性将物体分组；同时使用简单的描述性语言来描述这些物体。（物理科学——物质的特性；科学探究）

怎么做

1. 让儿童选择他们要做的书的颜色。让他们从杂志上寻找，撕下或剪下主要含有这种颜色的图片。
2. 带儿童到大自然中去，从学校操场上寻找与他们所选的颜色相匹配的物体。和儿童谈论一个事实：有些颜色在自然界中很难或不可能找到。
3. 让儿童把收集到的物体带进教室。
4. 帮助儿童把彩色图片和收集的物体放进袋子里。把所有东西压平。在袋子的封面上打印颜色词。将几个袋子密封并装订在一起形成彩色书。
5. 用其他几种颜色重复这个活动。
6. 让儿童给书中图片上的一些物体起名字。是否存在不同颜色的书中的物体相同，而相同颜色的书中的物体不同的情况？

> **儿童读物**
>
> 洛里斯·埃勒特（Lois Ehlert）创作的《色彩动物园》（Color Zoo）曾获凯迪克奖，向儿童展示了颜色和形状如何让意想不到的事情发生。
>
> 塔娜·霍本（Tana Hoban）创作的《颜色与事物》（Of Colors and Things）展示了一个类似儿童刚刚完成的活动。霍本收集了各种颜色相同的东西。

简单操作

- 让儿童制作彩虹书或印有彩虹所有颜色的书页。
- 使用三环活页夹制作一本班级颜色书。

增加挑战

- 让儿童用各种不同颜色的纸制作班级颜色拼贴画。谈论每种颜色有多少种不同的色调和变化。

观察和评估儿童的科学学习

- 当给儿童一个透明的塑料袋时，儿童能收集特定颜色的图片或物体吗？
- 儿童能告诉你其他同伴袋子里的物体和自己袋子里的物体的颜色异同吗？

科学课程

语言与读写——在儿童给书中的物体图片命名后，教师可以为儿童提供记号笔和蜡笔，让他们根据自己的写作发展水平给书标上标签。教师在这个过程中为儿童提供必要的帮助。

户外活动——走出去，只使用儿童找到的自然材料制作彩页。哪些页面很难填充？哪些页面很容易填充？在温暖的天气里，在大多数地方，儿童会发现很多绿色的材料，但很少有红色的材料。

和全班同学一起做一本以落叶为材料的彩色书。制作落叶页面和自然的页面哪个更容易？

家庭参与

儿童可以把书带回家，在家人的帮助下添加额外的彩页。

> **主题连接**
>
> **颜色**
>
> - 这个活动提供了一个介绍颜色主题的好方法。教师可以考虑用这种方法鼓励儿童制作主题为"关于我和我的家庭"或"我最喜欢的东西"的书，因为袋子可以用来收纳不规则的物体。

双语学习者

鼓励这些学习者用他们的母语说出不同颜色的名称，并教班上其他同学说。鼓励这些儿童自己学习关于颜色的单词，并鼓励其他儿童也这样做。

有特殊需要的儿童

运动技能有限的儿童需要使用剪刀、将剪纸放入可重复密封的袋子里以及这项活动的其他方面的帮助。教师可鼓励不会用剪刀的儿童撕下图画或彩纸。

给每个儿童一张纸，上面用相应颜色的笔写着颜色词，并且每个词的颜色与词所表示的颜色名称一致，例如，教师用红色的记号笔写下"红色"。让儿童把这些东西带回家，并附上一张便条，请他们的家人帮助寻找和粘贴这种颜色的物体。他们可能会带来纽扣、图片、食品包装材料、布料、纱线等各种物品。此外，教师可以考虑给儿童发一些可重复密封的袋子，让儿童把他们从家里带来的材料贴在学校的海报上。如果你让所有的儿童在家里寻找同一种颜色的物品，那么当每个人回到教室时，你和你的学生将会惊讶于他们收集的物品的颜色。

能画就画

科学过程技能
- 聚焦观察
- 观察分类
- 组织和交流观察结果

科学词汇
- 描述性词语（如"流动的""有污迹""水坑"）
- 材料名称
- 分类

材料
- 画笔（每个儿童2支）
- 画纸（参见"活动前"）
- 纸巾（用于清理）
- 水性颜料

颜料更适合附着在某些特定的物体表面。这个活动让儿童有机会自己发现这个事实。在这个活动中，儿童需要自由地探索各种各样的材料。

科学内容标准

儿童会注意并利用材料属性的异同，将材料分组；同时使用简单的描述性语言来讨论材料的性质。（物理科学——物质的特性）

活动前

通过切割各种材料（如蜡纸、铝箔、塑料包装纸、纸板、报纸、光滑的杂志纸、美术纸和手指画纸）来制作画纸，切成边长为20~30厘米的正方形。你提供的材料种类越多，这个活动就会越有趣。

怎么做

1. 把所有材料放在艺术区。鼓励儿童在不同的画纸上画画。
2. 在儿童探索完材料后，讨论他们的观察结果。询问儿童："你喜欢用什么材料画画？有不能用来画画的材料吗？"通过说出你用来制作绘图板的材料的名称来增加儿童的词汇量。
3. 鼓励儿童谈论不同表面上的颜料发生了什么变化。他们可能会使用单词和短语，如"水坑""可流动""有污迹""变得凌乱"。
4. 引导儿童根据是否有颜料附着将材料分类。告诉

> **儿童读物**
>
> 朱莉·阿佩尔（Julie Appel）和埃米·古列尔莫（Amy Guglielmo）的《触摸艺术——喂养马蒂斯的鱼》（*Touch the Art: Feed Matisse's Fish*）是一场通过一些现代艺术大师的作品进行的"触摸和感受"的旅程。它为儿童继续探索物体表面的特性提供了一种有趣的方式。
>
> 在埃伦·斯托尔·沃尔什（Ellen Stoll Walsh）的《老鼠作画》（*Mouse Paint*）一书中，三只小老鼠在粉刷地板和相互涂色时，发现了色彩混合的奇迹。
>
> 卡伦·博蒙特（Karen Beaumont）和戴维·卡特罗（David Catrow）的作品《我再也不画画了！》（*I Ain't Gonna Paint No More!*）是一个小男孩的故事，他似乎能把颜料涂在任何物体上！

儿童："我们可以说'容易画的材料是相似的，不容易画的材料也是相似的'。我们根据不同的属性，把它们分为两类——可涂材料和不可涂材料。"

简单操作

- 选择两种差异很大的材料让儿童使用。例如，你可以试试报纸和蜡纸。当儿童工作时，鼓励他们谈论看到的和感觉到的差异。

增加挑战

- 试着看看儿童能否通过对材料的感觉来判断它是否可以作为绘画表面。他们是否将材料归类到了在起始活动中创建的相同类别中？

观察和评估儿童的科学学习

- 儿童是否明白有些材料比其他材料更适合画画？
- 儿童能否识别不能用于绘画的材料？

科学课程

语言与读写——在这个活动中，儿童谈论在不同的物体表面上的颜料发生了什么。

数学——儿童将按照哪些画会附着和哪些画不会附着来将画纸分组。

户外活动——给儿童水和画笔。让他们在树叶、岩石、水泥、砖块、金属和其他他们在外面找到的东西上"画画"，辨别在哪些物体的表面上可以绘画。

> **主题连接**
>
> **颜色**
>
> - 玛丽安·科尔（MaryAnn Kohl）所著的《幼儿园艺术——绘画》（*Preschool Art : Painting*）为绘画或色彩的主题提供了丰富的想法。
> - 这个活动也可以丰富有关水和其他液体方面的主题。

家庭参与

鼓励家庭参观艺术博物馆，观察各种各样的油画以及艺术家们使用的各种各样的绘画表面。艺术博物馆里也可能有儿童可以参观的公共壁画。

使用博物馆和社区资源

参观美术馆或博物馆。帮助儿童关注艺术家在他们的绘画作品中用到的各种表面。也可以请一位艺术家到班级中演示绘画技巧。

感受艺术

当儿童独立创作自己的艺术作品时,他们通常可以在众多作品中发现自己的作品。教师可以向儿童介绍这种触觉体验,让儿童意识到触觉是观察和识别差异的另一种方式。

科学内容标准

儿童会注意并利用物体触觉属性的异同,将其分组;同时使用简单的描述性语言讨论物体表面的纹理。(科学探究)

怎么做

1. 向儿童展示如何制作触觉艺术作品,将胶水涂在纸上,然后添加各种材料。让儿童花很多时间在这个非常有吸引力和探索性的活动中。

2. 确保儿童的作品上有他们的名字。同时,让纹理拼贴画晾到完全干燥。

3. 和一个小组的儿童一起工作,并问他们:"你能说出哪幅拼贴画是你的吗?我们的眼睛可以帮助我们识别哪件艺术作品是我们的。现在我们闭上眼睛,看看手指是否能帮我们找到自己的作品。"

4. 让儿童充分感受自己的纹理拼贴画,直到他们有信心能够识别它们。引导儿童谈论自己的感受。在儿童选择词语时教师提供支持,并提供其他词语来拓展儿童的词汇量。

5. 在盒子里放两张儿童纹理拼贴画。让一个儿童把手伸进去,试着辨别哪一幅画是他的。打开盒

科学过程技能

- 聚焦观察
- 观察分类
- 组织和交流观察结果

科学词汇

- 相似的
- 拼贴画
- 描述性词语(如"粗糙的""光滑的""凹凸不平的")
- 不同的
- 感觉
- 相同的
- 触觉

材料

- 收集不同质感的材料(如沙子、砾石、棍子、织物和有纹理的纸)
- 胶水
- 有一面上有一个洞的大盒子
- 大张的厚纸或标签纸(每个儿童一张)

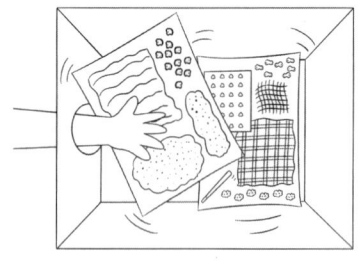

子，看看儿童的选择是否正确。当儿童变得更熟练时，你可以一次放入两张以上的拼贴画让儿童选择。

简单操作

- 收集一些砂纸或有纹理的纸制作字母、数字和形状，让儿童探索。有些儿童可能想制作他们名字中的字母。鼓励儿童描述和比较他们感觉到的纹理。

增加挑战

- 列出儿童使用的关于纹理的词语。把儿童的艺术作品聚集在一起，与儿童讨论他们用到的单词。儿童能在拼贴画上找到能够描述纹理的词语吗？

观察和评估儿童的科学学习

- 给儿童两幅拼贴画，儿童可以不用眼睛分辨出自己的作品吗？
- 儿童能用描述性语言谈论自己的拼贴画吗？

科学课程

语言与读写——鼓励儿童描述当他们触摸拼贴画时手指的感觉。

户外活动——用从学校或附近公园里收集的自然物体制作拼贴画。鼓励儿童一边观察思考，一边说出自己观察到的纹理。例如：用手抚摸一片叶子，评价它是光滑的还是有绒毛的。注意一块粗糙的岩石或攀岩墙的凹凸不平的表面。儿童很快就会和你一起分享他们的观察结果。你可以拿出放大

儿童读物

菲奥娜·瓦特（Fiona Watt）和蕾切尔·韦尔斯（Rachel Wells）合著的《那不是我的小狗——它的毛太多了》(That's Not My Puppy : Its Coat Is Too Hairy)是一本短小精练的触摸书，触摸也是一种识别事物的方式。

英国DK（Dorling Kindersley, DK）出版公司有一个名为"触摸和感觉"的图书馆，其中的图书有《宠物》(Pets)和《ABC》等。教师可以考虑制作一本班级触摸类的书。

> **有特殊需要的儿童**
>
> 有感觉统合问题或自闭症谱系障碍问题的儿童可能需要查看一系列不同纹理的材料，并选择那些他们喜欢接触的材料来进行这项活动。

镜，问儿童："粗糙的物体在放大镜下看起来是什么样子的？它们和光滑的物体有什么不同？"这是一种有趣的方式，有助于拓展儿童的意识，使儿童意识到世界是多么有趣！

家庭参与

让儿童从家里带一些自然物体来做拼贴画。儿童是否更容易辨认他们的拼贴画，因为这些拼贴画是由他们从家里带来的物体制成的？

结合科技

近距离拍摄儿童的拼贴画。问儿童："你从这个新视角来观察，拼贴画的样子改变了吗？"儿童能说出哪幅拼贴画是他们的吗？他们是否在自己的拼贴画中看到了之前没有注意到的内容？

不同颜色的世界

让世界变成另一种颜色！儿童用硬纸管、彩色塑料膜（或玻璃纸）和橡皮筋制作自己的彩色观测器。他们将开始发现事物可以同时是相似的和不同的。

科学过程技能

- 聚焦观察
- 组织和交流观察结果

科学词汇

- 相似
- 改变
- 颜色词（如"红色""蓝色""绿色"等）
- 不同
- 相同

材料

- 硬纸管（每个儿童2个）
- 大张新闻纸和标记（发现表）
- 不同颜色包装的塑料或玻璃纸
- 橡皮筋（每个儿童3~4根）

科学内容标准

儿童会注意到颜色的异同；同时使用简单的描述性语言讨论颜色。（科学探究）

活动前

找一些彩色的保鲜膜或玻璃纸。也可以考虑通过从清晰的彩色笔记本分隔物和封面上剪一些圆圈来制作一组彩色镜头。把这些材料粘在硬纸管上。

怎么做

1. 在开始这个活动时，给每个儿童一个硬纸管、几根橡皮筋和一些不同颜色的塑料膜。教儿童如何用橡皮筋把塑料膜固定在管子的末端。建议儿童一起工作。一个儿童可以拿住塑料膜，另一个儿童可以用橡皮筋固定。（有些儿童可能仍然需要帮助。）

2. 提问："当你透过彩色硬纸管看房间时，你看到的物体看起来有什么不同？"鼓励儿童使用彩色硬纸管和不使用彩色硬纸管看不同颜色的物体。让儿童交换硬纸管，看看透过不同颜色的硬纸管看到的东西有什么不同。提问："透过蓝色的硬纸管，这块红色的方块看起来像什么？当你用黄色的硬纸管看它时会发生什么？"

> **儿童读物**
>
> 在利奥·利奥尼（Leo Leonni）的《他自己的颜色》（*A Color of His Own*）一书中，一只年轻的变色龙通过自己的眼睛来探索颜色的变化。
>
> 佐兰·米利奇（Zoran Milich）的《城市的色彩》（*City Colors*）一书中处处是美丽的色彩，可以激励儿童制作自己的学校色彩书。

3. 现在到了有趣的部分。让儿童用另外一两根橡皮筋（有些儿童可能觉得用胶带更容易），连接一对硬纸管，使它们看起来像双筒望远镜。问："现在房间里的所有物体分别是什么颜色？它们和以前一样还是不同？颜色会改变吗？"

4. 鼓励儿童尝试用颜色不同的硬纸管制作双筒望远镜。让儿童先用一只眼睛看，然后用另一只眼睛看。（儿童如果闭上一只眼睛有困难，那么可以用手遮住一只眼睛。）和儿童谈论管子颜色的异同。另外，当他们两只眼睛都睁着的时候，让他们谈谈其看到的物体颜色的不同。

5. 让儿童口述房间里黄色、蓝色或红色的物体清单。把列表放在发现表上。谈谈彩色管是如何改变我们对清单上物体颜色的看法的。

简单操作

- 将不同大小的透明塑料瓶装满不同颜色的水。和儿童谈谈，透过这些塑料瓶进行观察，物体会变成什么样子。

增加挑战

- 让儿童在他们的发现日记上画出或写下他们的观察结果。可能的结果包括：透过蓝色的塑料瓶看，红色砖块的颜色变成了紫色；透过红色的塑料瓶看，黄色的鸭子变成了橙色。让儿童两人一组进行观察，看看他们是否会得到相同的结果。

主题连接

颜色

- 开展这项探索颜色、艺术和灯光的主题活动。透过彩色硬纸管观察蜡笔画会发现什么？是不是发现有些颜色似乎消失了？用盖管子的方法盖住手电筒，让儿童玩彩色灯。

双语学习者

反复演示和口头表达活动方向，以强化幼儿对"相似"和"不同"这两个词语概念的理解。

观察和评估儿童的科学学习

■ 当通过不同颜色的管子观察时，儿童能描述出其所看到的物体在外观上的明显变化吗？

科学课程

艺术——让儿童把透明的彩纸贴在窗户上，制作彩色拼贴窗画。

语言与读写——用发现表列出儿童对观察彩色管子如何改变了他们对某些物体的感知的描述。

户外活动——把儿童观察者们带到外面。提问："在室外使用观测器和在室内使用观测器有什么相同的感受？是否还有其他不同的体验方式？"

家庭参与

要求儿童的家庭送一些硬纸管和塑料瓶，将其用于这项活动中。

第二章 相似与不同 | 35

积木三明治

科学过程技能

- 聚焦观察
- 观察分类
- 组织和交流观察结果

科学词汇

- 相似
- 不同
- 合适
- 层
- 搭配
- 混合
- 相同
- 三明治
- 形状词（如"三角形""正方形"）

材料

- 图案块或具有各种形状的其他组块
- 单元块

当儿童探索不同形状的积木块之间的关系时，制作三明治给了他们一个简单的模型。当儿童开始制作更复杂的结构时，这个简单的建筑模型可以在不同的时间使用。儿童在制作自己的三明治时，应该完善自己的观察和分类技巧，并将自己制作的三明治与朋友们做的三明治进行比较。

科学内容标准

儿童会注意并利用物体大小异同的属性来对物体进行分组；同时使用简单的描述性语言描述特定的物体。（科学探究）

怎么做

1. 让儿童讨论他们最喜欢的三明治和三明治的组成结构。让儿童假装用积木做三明治。谈论他们最喜欢的三明治。参考儿童的食谱来做一些三明治点心可能会很有趣。

2. 告诉儿童，他们将玩一个制作分层三明治的游戏。在地板上放一个方块积木，说："这是面包。"再让一个儿童用其他形状不同的积木正好完全盖住这个方块积木。例如，在单元积木块中，用四个三角形积木覆盖一个标准矩形积木。邀请儿童给三明治的这一层命名。儿童可能会选择叫它"花生酱"。

3. 提问："你能给这个三明治再做一层吗？来点'果冻'怎么样？"

4. 继续鼓励儿童找出是否有更多可能的方法把积木

> **儿童读物**
>
> 戴维·佩勒姆（David Pelham）的《萨姆的三明治》（Sam's Sandwich）将创意三明治制作推向了新的高度。这将激励儿童尝试能把什么好吃的或不好吃的食物塞进自己虚构的三明治里。
>
> 在安·莫里斯（Ann Morris）的《面包，面包，面包》（Bread, Bread, Bread）一书中肯·海曼（Ken Heyman）拍摄的那些吸引人的照片向我们展示了世界各地的面包。

组合成和"面包"一样的形状。儿童会一遍又一遍地用不同形状的积木做"面包"。

5. 选择另一种形状作为三明治底层或者"面包"。一套积木最多可以做多少种三明治？把三明治的可能性列出来，直到儿童不能做出其他的三明治。

6. 让儿童用几套不同的积木玩三明治游戏。提问："哪几套积木混合在一起可以做出三明治？哪几套积木搭配在一起不能做出三明治？"这有助于向儿童说明，在这个活动中，有些积木组与另一些积木组不能搭配。

7. 让儿童看他们做的不同的三明治，并请他们描述不同的三明治有哪些相同点和不同点。

8. 一旦儿童理解了这个概念，他们就可以彼此独立地玩这个三明治游戏了。

简单操作

- 给儿童看一块正方形的积木，并说，"我们假设这是面包，一个三明治里有多少块面包？"再拿出一块正方形积木，对儿童说，"我们假装要做一个黄油面包三明治。"给儿童展示一个黄色的正方形积木和一张黄色的三角形建筑纸。提问："哪个形状和我们假设的面包形状一样？让我们用它来做面包和黄油三明治。"鼓励儿童理解形状。当他们能够理解形状时，开始探索如何将各种形状结合到一起制作其他形状。

增加挑战

- 制作真正的三明治。提供不同形状的面包：切成三角形、正方形或长方形的切片。也可以考

> **主题连接**
>
> **岩石**
>
> - 带些沉积岩样品让儿童观察。不做三明治，可以做成沉积岩。

虑圆面饼（玉米饼或皮塔饼）的形状。原料也可以有多种形状。午餐肉或奶酪片可以做成各种形状，花生酱或鹰嘴豆泥之类的酱料可以放在任何地方。在儿童做三明治时教师与他们谈论形状。有些三明治搭配起来"恰到好处"，而有些则不然，但任何形状的三明治都可以成为美味的三明治。鼓励儿童谈论谁的三明治与自己的三明治相似，谁的三明治与自己的三明治不同。

观察和评估儿童的科学学习

- 给定一组积木，儿童是否可以使用不同的积木组合来覆盖相同的区域？
- 儿童是否理解一些积木是成比例的（合在一起），而另一些积木则不是？
- 儿童能指出看起来相似或不同的三明治吗？

科学课程

健康食品——与儿童讨论健康食品的多种形式。给儿童带一些既相似又不同的食物来品尝。例如，玉米、玉米饼和爆米花看起来不同，但都由玉米制成。绿葡萄和芹菜的颜色一样，它们有什么不同？

> **有特殊需要的儿童**
>
> 通过抓取积木块来锻炼儿童的抓握能力，以帮助运动能力有限和难以抓取积木的儿童。

塔楼建筑师

科学过程技能

- 聚焦观察
- 观察分类
- 组织和交流观察结果

科学词汇

- 相似
- 建造
- 构造
- 颜色词(如"绿色""蓝色""紫色"等)
- 不同
- 模型
- 相同
- 形状的名称(如"正方形""矩形""三角形"等)
- 关于尺寸的词(如"大""小""高""矮"等)

材料

- 积木

当儿童构建不同于或类似于样本结构的积木结构时,他们就是在探索相似与不同的概念。这样的活动还可以培养儿童的精细运动技能和视觉感知能力。

科学内容标准

儿童会注意并利用物体之间的异同,根据物体的大小和形状进行分组;同时使用简单的描述性语言。(科学探究)

怎么做

1. 用 3~4 块积木搭建一个简单的塔楼。问儿童:"你能建造一个和我的作品一样的塔楼吗?"
2. 当儿童完成自己的塔楼时,和儿童谈谈他们的塔楼有哪些相似点、哪些不同点。它们的异同点可能在于儿童使用了形状相同但颜色不同的积木。
3. 让儿童建造的塔楼与你示范的塔楼有所区别。
4. 和儿童谈论各种塔楼的不同点。问自己:"它们有什么相似之处?"鼓励儿童用颜色、大小、形状等词语来表达塔楼的相似或不同之处。这对许多儿童来说是一个真正的挑战。用有声思考的方法为儿童做语言示范。例如,你可以说,"嗯,我在考虑颜色。多莉和艾伊莎的塔上都有橙色的方块。它们有一些相似点。我想知道有什么不同点。我得仔细看看。如果我从这里看,可以看到多莉的塔比艾伊莎的高。"

5. 鼓励儿童一起继续这个活动。许多儿童发现，在桌子上使用积木比在积木建构区的地板上更容易集中精力建造相似与不同的结构。

简单操作

- 构建足够简单的结构，以便儿童能够成功地制作相同的结构。一旦儿童可以自信地建造相同的结构，就挑战他们，让他们做一个不同的结构来欺骗你。

增加挑战

- 让儿童做两个相似的结构，这两个结构之间有一个不同点。然后让其他儿童观察这些结构，看看他们是否能找到两个结构之间的不同点。

观察和评估儿童的科学学习

- 给儿童一组积木，儿童能建造出和其他儿童建造的相似或不同的简单塔楼吗？
- 儿童能描述或展示这些结构有哪些相似点或不同点吗？

科学课程

语言与读写——儿童用颜色、大小和形状的单词来描述塔楼结构之间的相似点或不同点。

我们的社区——结合这个活动，并在"我们的邻里和社区"这一主题活动中扩展它。你所在社区里的建筑有何异同？

户外活动——邀请儿童到室外收集树枝，然后用它们来建造塔楼。当你使用天然材料时，任意两座塔楼可以做成完全一样的吗？当你使用石头或砖

儿童读物

迈克尔·J. 克罗斯比（Michael J. Crosby）和史蒂夫·罗森塔尔（Steve Rosenthal）为儿童创作了四本关于建筑细节的精彩图书，包括《建筑形状》（Architecture Shapes）、《建筑颜色》（Architecture Colors）、《建筑数量》（Architecture Counts）《建筑动物》（Architecture Animals）。他们用漂亮的照片帮助儿童真正地欣赏建筑。

尼娜·拉登（Nina Laden）的《昆虫建筑师罗伯托》（Roberto, the Insect Architect）是一部幽默的建筑作品，包含建筑和结构的真实信息。

主题连接

点心

- 给儿童一片面包用来当点心，把它切成两半。为他们提供多种选择（奶油奶酪或花生酱）和装饰物（葡萄干、小胡萝卜、芹菜片和萝卜片）。让儿童做相似的或者不同的点心。

> **双语学习者**
>
> 鼓励儿童运用自己的视觉观察能力成功地完成这项活动。为儿童提供描述性语言的样本，并模拟如何使用这些术语。鼓励儿童倾听其他孩子谈论他们的结构时所使用的单词。在这个活动中，当你观察儿童时，模仿使用描述性的词语和手势。例如，你可能会说，"格雷戈利，这塔真高"，同时用手势表示建筑物的高度。
>
> **有特殊需要的儿童**
>
> 让精细运动能力有限的儿童使用易于抓取的积木材料。

块材料制作时会发生什么？鼓励儿童谈论自然材料和人造材料的相似点和不同点。

结合科技

下载世界各地的塔楼的图片给儿童看。通过张贴街区的照片来激发儿童搭建一些创造性建筑的愿望。

观察小动物

科学过程技能

- 聚焦观察
- 组织和交流观察结果

科学词汇

- 相似
- 动物
- 不同
- 搭配
- 各种动物的名称
- 身体部位的名称
- 家
- 相同

材料

- 放大镜（如果有最好）
- 纸张和蜡笔（用于发现书）
- 任何你能找到的物种：药丸虫、蛞蝓、蜗牛、甲虫、蚯蚓、家蝇、蚱蜢、鱼、蚂蚁等（也可以考虑使用你找到的死昆虫）

在这个活动中，儿童会观察小动物。你可以使用图片，但是使用活的动物并不会很麻烦，而且会有趣得多。使用活体动物可以让儿童有机会在探索这些生物的异同之处的同时学会关爱这些生物。

【注意】在儿童参与任何涉及活的生物的活动前，教师一定要和儿童讨论温柔对待和尊重所有生物的重要性。

科学内容标准

儿童通过比较某种动物和其他动物来识别动物的异同；儿童在讨论生物时会使用简单的描述性语言。（生命与科学）

活动前

在教室里找一个地方放动物。在饲养动物时，可以使用便于观察的容器［如透明的罐子或充气的可重新密封的塑料袋（不过任何生物都应在塑料袋中保存很短的时间）］。把蜗牛或蛞蝓等缓慢移动的动物放在可重复使用的容器内，如塑料黄油桶。把动物的名字写在容器上。

怎么做

1. 与儿童分享一系列各种各样的物种。利用这一机会拓展儿童的描述性词语。给儿童足够的时间去触摸、观察和谈论这些动物。
2. 询问儿童是否能说出任何一种动物的名字。让儿童把动物的名字记在动物容器上。提问："所

> **儿童读物**
>
> 加利马·朱内斯（Gallimard Jeunesse）的《瓢虫和其他昆虫》(*Ladybugs and Other Insects*)一书以有趣的方式提供了关于昆虫的有用信息，可以作为帮助读者识别常见昆虫的简单野外指南。
>
> 要想进一步了解"相似与不同"，请阅读 T. J. 马什（T. J. Marsh）和珍妮弗·沃德（Jennifer Ward）的《沙漠之路》(*Way Out in the Desert*)。这是一本对传统歌曲《在草地上》(*Over in the Meadow*)进行复述的书。埃兹拉·杰克·基慈（Ezra Jack Keats）的《在草地上》是一个版本，还有一个版本来自奥利芙·A. 沃兹沃思（Olive A.Wadsworth）和安娜·沃伊泰克（Anna Vojtech）。帮助儿童比较这些动物和书的相似与不同之处。

有动物有什么相同之处？他们相似吗？"鼓励儿童仔细观察动物，并谈论他们观察到了什么。与儿童谈论动物的各种身体部位（如腿、眼睛和身体）的特征。如果有放大镜，请拿出来。它们可以帮助儿童更清晰地观察。

3. 和儿童讨论动物是如何移动的。也许他们可以试着像动物一样移动。如果容器里有蠕虫或蚱蜢，这就特别有趣了！一些儿童想控制蠕虫或其他缓慢移动的生物，而另一些儿童可能不想。对于那些想控制动物的儿童，教师可以给他们示范如何温柔地对待动物。

4. 在儿童仔细观察动物后，让每个儿童画一幅动物的图画，并口述标题。把这些图画组装成一本"发现书"。

5. 在儿童的帮助下，将动物送回它们的栖息地或留在探索区进行后续观察。

简单操作

- 在儿童观察完动物后，教师为儿童读一本关于动物的生活习性和它们吃什么的书。

增加挑战

- 如果动物被放在有足够土壤、树叶和其他能使它们舒适地生存几天的必要材料的容器里，让儿童继续观察动物，并把儿童的观察结果记录在他们的发现日记上。

观察和评估儿童的科学学习

- 引导儿童观察动物，以确定其特征的相似点和不同点。

> **书籍拓展**
>
> 埃里克·卡尔（Eric Carle）的《饥饿的毛毛虫》（*The Very Hungry Caterpillar*）、《非常安静的蟋蟀》（*The Very Quiet Cricket*）和《不高兴的瓢虫》（*The Grouchy Ladybug*）可以将儿童带入一个虚构的昆虫世界。
>
> 安妮·洛克威尔（Anne Rockwell）和史蒂夫·詹金斯（Steve Jenkins）的《虫子是昆虫》（*Bugs Are Insects*）和DK出版的《昆虫》（*Insects*）提供了更多的事实信息。

■ 儿童能指出一些动物的特征，并说出这些特征的异同点吗？

科学课程

语言与读写——儿童在触摸、观察和谈论动物时使用描述性词语。同时，儿童还会把动物画下来，写上说明文字，将这些图画制作成班级手册。

> **双语学习者**
>
> 刚开始学英语的儿童可能更喜欢指着相同或不同的动物，而不是说出它们的名字。
>
> **有特殊需要的儿童**
>
> 对于发育迟缓的儿童，教师可提供一些动物的图片，从视觉上说明相同和不同的概念，并展示这项活动的基本方面。在儿童观察真实的动物之前，教师可引导儿童将图片分组。

快速检查：相似与不同

像我一样

科学过程技能

- 聚焦观察
- 组织和交流观察结果

科学词汇

- 相似
- 建造
- 构造
- 颜色词（如"绿色""蓝色""紫色""橙色"等）
- 不同
- 模型
- 相同
- 形状词（如"正方形""矩形""三角形"等）
- 关于尺寸的词（如"大""小""高""矮"等）

材料

- 蜡笔
- 画纸
- 不同颜色的黏土或橡皮泥
- 擀开橡皮泥的工具

这项活动通常在艺术区开展。它让儿童挑战制作与教师做的作品相似或不同的简单艺术作品。教师在选择材料时需要确保这些材料适合儿童的运动技能发展水平。

科学内容标准

儿童会注意到物体之间的相似点和不同点，并根据这些特点将物体分组；同时使用简单的描述性语言来描述观察结果。

怎么做

1. 教师带几盒不同颜色的橡皮泥到艺术区。
2. 邀请儿童以个人或小组的形式到艺术区。告诉儿童，你要用橡皮泥做一样东西，并希望他们做一件"和它一样"的东西。
3. 取一小部分橡皮泥，把它做成简单的形状，如小球或蛇。

近距离观察

展示——让每个儿童做一个和你做的作品一样的东西。观察儿童的制作过程。他是按照你做的那个东西去做的吗？他使用了你使用的技巧吗？他用的是同样颜色的黏土吗？他会把他做的东西和你做的东西做比较吗？

第二章 相似与不同

描述——让每个儿童对你讲一讲,他做的橡皮泥作品和你做的有多像。听一听儿童使用了哪些用于比较的描述性词语。

绘画——给每个儿童彩笔和纸。让儿童画一下他刚做的橡皮泥作品。儿童能否指出图画中与实际对象相同的特定元素(如形状、颜色、大小等)?

书写——让能力较强的儿童以书写的形式描述他的画,描述使他的画看起来与实际物体相像的主要元素。检查儿童画的东西,找出准确的、合适的比较性词语。儿童可以只写基本的单词标签。

观察和评估儿童的科学学习

- 当你给儿童一个由橡皮泥做成的物体时,他能模仿做出一个形状相似的东西吗?
- 儿童能描述这个物体的相似点吗?

它们为什么会被放在一起？

科学过程技能

- 聚焦观察
- 观察分类
- 组织和交流观察结果

科学词汇

- 相似
- 对物体的描述词（颜色，大小，是否滚动，是否有一个、两个或三个部分，等等）
- 不同
- 组
- 相同
- 分类

材料

- 相似或不同的物体材料（如岩石、坚果、树叶、贝壳、树枝或其他自然材料）

儿童读物

琳达·威廉姆斯·阿伯（Linda Williams Aber）的《奶奶的纽扣盒》（*Grandma's Button Box*）一书中介绍了另一种比较有趣的分类。

儿童常常自主地对物体进行分类。他们可能会在积木建构区把玩具动物分组，或者按照颜色对玩具进行分类。这项活动利用了这种倾向，鼓励儿童用各种方式从自然中收集物体并进行分类。

科学内容标准

儿童会注意到物体之间的异同，并根据物体属性的异同点将它们分类；同时使用简单的描述性语言描述物体。（科学探究）

怎么做

1. 把所有物体放在儿童面前。将物体分类，以吸引儿童的注意力。
2. 让儿童观察你的分类过程（把形状、颜色、纹理等相似的物体放到一起）。
3. 让儿童帮你分类。当你和儿童谈论他们的选择时，使用"相似"和"不同"来描述这些物体。
4. 用另一种方法对同一组物体进行分类。引导儿童提出更多的分类方法。
5. 使用各种物体重复该活动。当你和儿童根据形状、大小或其他属性对物体进行分类时，鼓励儿童使用描述性词语。
6. 将这些材料放在探索区，供儿童独立使用。

观察和评估儿童的科学学习

- 给儿童一组物体。儿童能把这些物体分类，并用"相似"和"不同"来解释他的分类结果吗？

主题连接

艺术
- 把这些材料中一些比较有趣的物体放到艺术区。

积木
- 将一些材料移到积木建构区，以便儿童可以为他们的建筑物添加新的和复杂的材料。

双语学习者

使用真实的物体可以让儿童更容易地学习与户外环境相关的词语。如果你使用的材料在你的地区里很常见，会产生更好的效果。

有特殊需要的儿童

有认知障碍的儿童可能无法理解细微的差异。因此，教师一开始可以只展示2~3个成对的例子，一些是相似的，一些是不同的，以确保儿童在进行活动前理解"相似"和"不同"的概念。

简单操作

- 创建一个具有独特属性的有趣物体的集合。例如，你可以用一只鞋、两只贝壳、可匹配的铃铛和一块大石头。随着儿童技能的提高，给他们提供具有细微差别的物体。

增加挑战

- 鼓励儿童使用更复杂的方法对材料进行分类。儿童能将物体分成三类而不是两类吗？哪些分类涉及了测量的相关知识？例如，物体是短的还是长的，还是和三个连锁方块大致相同？

科学课程

语言与读写——引导儿童谈论哪些物体属于一类，哪些不属于一类，使用"相似"和"不同"。支持他们使用描述性词语来解释他们的选择。

数学——和儿童一起，根据不同的属性对物体进行分类。有些儿童可能想数一数每类物体的数量。

户外活动——儿童能在附近收集什么东西？他们会在社区散步时或在实地考察时发现不同的材料吗？鼓励儿童"现场"对材料进行分类，寻找更多的物体并添加到他们的收藏物品中。儿童会开始明白，每个环境都有自己独特的特点。

家庭参与

请家长提供收集物供儿童探索。他们可能会从家里带东西，也可能会从另一个旅行过的地方带东西。

匹 配 盖 子

这种整理和分类活动可以发展儿童的精细运动技能。在这个活动中,儿童将与盖子相匹配的罐子分成几组,并讨论可互换盖子的罐子的相似或不同之处。

科学内容标准

儿童会注意到罐子和盖子之间足够多的相似点和不同点,从而能够根据它们的属性将其分组;儿童在讨论物体时会使用简单的描述性语言。(物理科学——物质的特性;科学探究)

怎么做

1. 把罐子放在桌上或地板上,不要盖盖子。让儿童先预测哪个盖子适合哪个罐子,再试着把它们匹配起来。
2. 引导儿童把盖子盖在合适的罐子上。在多次自我纠正后,儿童就知道哪个盖子适合哪个罐子了。
3. 当儿童把盖子放在罐子上后,引导儿童按照盖子的大小将罐子分组。儿童将了解到一个盖子可以匹配多个罐子。这个发现结果可能会让一些儿童感到惊讶,他们会证明好几次以确定这是真的。和儿童一起数一数每组罐子的数量。
4. 让儿童测试这些盖子,看看它们是否可以和同一组的所有罐子上的盖子互换。

科学过程技能

- 聚焦观察

科学词汇

- 相似
- 不同
- 适合
- 组
- 匹配
- 相同

材料

- 各种规格的罐子和与之匹配的盖子(几个罐子应该有可互换的盖子)

儿童读物

给罐子盖上盖子对儿童的小手来说是件苦差事。谢丽尔·威利斯·哈德森(Cheryl Willis Hudson)的《手可以做什么?》(*Hands Can*)[照片由约翰-弗朗西斯·伯克(John-Francis Bourke)拍摄]展示了儿童用手可以做各种各样的事情。

主题连接

我和我的身体

- 可以考虑用数码照片制作一本与《手可以做什么？》（*Hands Can*）相似的书。记录儿童向你展示的用手能做的事情，也可以制作一本书《脚可以做什么？》。这是一种绝妙的展示儿童的能力的方式。

双语学习者

用语言表达并演示这个活动。教师做示范可以帮助儿童掌握概念。

有特殊需要的儿童

这项活动适用于运动能力有限的儿童，特别是那些抓握各种大小的盖子和罐子有困难的儿童。

如果一个儿童没有这项活动的运动技能，那么就以团队合作的形式，一个儿童充当罐子，另一个儿童为"罐子"寻找相匹配的盖子。

简单操作

- 将易处理的塑料瓶、罐子和盖子放入肥皂水中。儿童喜欢盖上盖子，摇晃罐子，使其产生泡沫。

增加挑战

- 让儿童收集有盖的塑料瓶。把瓶子放在桌子上，让儿童根据瓶子的高度和重量进行选择。

观察和评估儿童的科学学习

- 看看这些罐子，儿童能解释一下他是如何将这些罐子分类的吗？

科学课程

户外活动——将一个戏水台或一个大浴盆和一些带盖子的塑料瓶、罐子和桶带到室外。让儿童进行匹配、玩泼水的游戏。

家庭参与

让儿童从家里收集各种大小的带盖子的罐子。

磁铁的磁性

磁性是所有物质的一种特性。磁铁可以把物体分成两类——磁性物体和非磁性物体。这个活动将进一步帮助儿童识别两组物体的相似点和不同点,并找到可以添加到组中的东西。

科学内容标准

儿童会注意到被磁铁吸引的物体和没有被磁铁吸引的物体之间的异同;同时使用简单的描述性语言讨论磁铁。(物理科学——物质的特性)

活动前

在纸袋里放各种各样的物体。

怎么做

1. 向儿童介绍"吸引"这个词。大多数儿童会继续说这样的话,如"磁铁捡起了钉子"。因此,教师向他们介绍一个他们在使用磁铁时将听到的词很重要。当他们感觉到磁铁对某些物体(如文件柜)的拉力时,他们也可以使用这个词。

2. 给儿童看一个磁铁和两个物体,一个(如金属垫圈)被磁铁吸引,另一个(如一张纸板)不被磁铁吸引。教师指向一个袋子说:"这个袋子里的一些东西就像这个金属垫圈。它们被磁铁吸引。"用磁铁吸起金属垫圈,然后说:"有些东西会不一样。磁铁吸不走它们。"用纸板演示。

3. 把装东西的纸袋放在桌子上。让儿童分组工作,把物体分成磁性物体和非磁性物体两组。

科学过程技能

- 聚焦观察
- 观察分类
- 组织和交流观察结果

科学词汇

- 相似
- 吸引
- 不同
- 组
- 磁铁
- 相同
- 分类

材料

- 各种各样的物体(如回形针、小塑料玩具、钉子、金属垫圈、便士和铝箔),有些会被磁铁吸引,有些则不会;物体的各部分应保持一致,不应该有吸引和不吸引磁铁的不同部分(例如,一支圆珠笔可能有塑料和金属部分)
- 大张新闻纸和标记纸(用于发现表)
- 磁铁(每组1个)
- 纸袋(每组1个)
- 胶带(可选)

> **儿童读物**
>
> 海伦·埃多姆（Helen Edom）的《磁铁科学》（Science with Magnets）可以为儿童提供更多的想法。

4. 当儿童分组时，他们会发现磁铁总是吸引金属物体（含铁的物体）。磁铁对这些物体的反应总是相同的。它们对非磁性物体也有一致的反应。
5. 谈谈这两组物体。每组物体具有相似的特征，而不同组的物体是不同的。让儿童寻找其他的物体并将其添加到每组中。
6. 制作一个发现表。当儿童口述时，把被磁铁吸引的物体列在图表的一边，把没有被磁铁吸引的物体列在图表的另一边。你可能想要把物体粘在图表上。然后鼓励儿童数一数有多少物体是磁性物体，有多少物体是非磁性物体。

简单操作

- 在探索区放置一些收集物让儿童进行分类。你可以在两个塑料桶上画一块磁铁来创建分类容器。为了表示其中一个桶是用来装非磁性物体的容器，你可以在该桶表面的磁铁图像上画一条斜线。

增加挑战

- 在容器中放一大堆磁性和非磁性的物体。让一个儿童从中选择10件非磁性物体。然后让儿童拿着磁铁来测试他的选择。只要稍加练习，儿童选择的正确率就会提高。

观察和评估儿童的科学学习

- 给儿童一块磁铁和一组物体，儿童能在测试完物体后把它放在正确的组（磁性的或非磁性的）中吗？
- 儿童能解释同一组物体的相似之处吗？（例如，

> **主题连接**
>
> **磁铁**
>
> - 利用这个活动，介绍磁铁主题。磁铁在儿童世界的出现形式多得惊人。有带磁性的字母、数字和形状；有镶有磁铁的木块（用于猜谜）；还有一些使用磁铁把头发粘在秃头娃娃头上的游戏材料，引导蜜蜂穿过迷宫或者让汽车沿着街道行驶的游戏材料。许多教室里都有磁性结构玩具。儿童还可以发现多少种磁铁的用途呢？

> **有特殊需要的儿童**
>
> 这项活动使有精细运动挑战的儿童能够重复动作,以支持他们的手腕、手和手指操作能力的发展。
>
> 这对有听觉或视觉障碍的儿童来说是一项特别好的活动,因为他们可以拿着物体,并感受到磁铁的吸引力。

一些儿童可能会解释金属垫圈和钉子的相似之处。)

科学课程

语言与读写——儿童开始使用描述磁性吸引现象的词语。

数学——儿童将物体分为磁性物体和非磁性物体两组。

家庭参与

要求家长送来磁性或非磁性收集物。

螺母和螺栓

科学过程技能

- 聚焦观察
- 观察分类
- 组织和交流观察结果

科学词汇

- 相似
- 不同
- 合适
- 匹配
- 螺母、螺栓、螺钉
- 尺寸
- 相同
- 尺寸关系术语（如"较小""过大""尺寸相同"）
- 转换

材料

- 螺母和各种可以拧入相同螺母的螺栓
- 纸袋

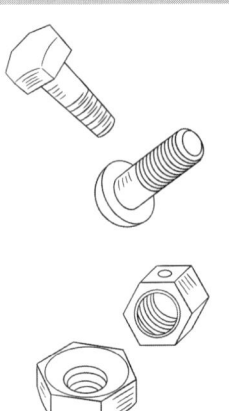

通过使用螺母和螺栓，儿童可以获得另一种分类物体的经验。一个简单快捷的方法就是让家长送一些螺母和螺栓到学校来。材料越丰富，这个活动就越有趣。

科学内容标准

儿童会注意到螺母和螺栓之间的相似点和不同点，并将螺母和螺栓按属性分类；在讨论具体细节时，儿童会使用简单的描述性语言。（物理科学——物质的特性；科学探究）

活动前

让家长捐赠各种大小的螺栓和螺母或让儿童自己收集它们。在每个袋子里放两个不同尺寸的螺母和4~10个不同直径（形状也不同）的螺栓，这些螺栓可以适应这两个螺母中的其中一个或两个。螺栓的数量取决于儿童的能力。另外，准备更有挑战性的袋子，每个袋子里有3个或更多不同尺寸的螺母和螺栓。

怎么做

1. 让儿童把一袋袋的螺母和螺栓倒在地板或桌上。
2. 告诉儿童把螺栓和匹配的螺母分成一组。
3. 让儿童把一组螺栓中的一个拧到合适的螺母上。当你和儿童一起工作时，使用比较性词语和短语，如"更小的""太大的""小的"和"尺寸相同"等。

儿童读物

莉萨·舒尔曼（Lisa Shulman）和阿什莉·沃尔夫（Ashley Wolff）所著的《老麦克唐纳有一家木工店》（*Old MacDonald Had a Woodshop*）是一本非常适合这个活动的书。这本书对工具进行了有趣的介绍，并附带了完整的声音效果。儿童还可以讨论这个版本的老麦克唐纳与原歌里的老麦克唐纳相比有哪些相似点和不同点。

主题连接

工具、构造和工作

- 这3个主题与这一活动自然契合。教师可以通过为儿童提供真正的工具来拓展这个活动。

有特殊需要的儿童

通过这个活动，有精细运动障碍的儿童将重复动作，以支持他们的手腕、手和手指的操作与发展。对于有更严重的精细运动障碍问题的儿童，教师可以考虑使其使用大一些的螺母和螺栓，以及大型塑料螺母和螺栓。

简单操作

- 让儿童按从小到大的顺序排列螺母和螺栓。

增加挑战

- 为儿童提供一套更具挑战性的螺母和螺栓。公制螺栓和美国标准螺栓可能是你想选择的。这些螺栓彼此不能互换。当儿童试图在公制螺栓上安装美国标准螺母和在美国标准螺栓上安装公制螺母时，他们会发现，无论他们多么努力地尝试，都不能把它们安装在一起。在发现这一点后，儿童可以继续把螺母安装到合适的螺栓上。

观察和评估儿童的科学学习

- 观察儿童的分类过程，儿童能够确定螺栓的直径和螺母的开口大小就是判断它们是否匹配的标准吗？

科学课程

语言与读写——儿童在匹配螺栓和螺母时使用比较性语言。

数学——儿童根据螺栓的直径寻找开口大小合适的螺母。他们也可能发现相同形状或大小的螺母和螺栓。在按尺寸组合螺母和螺栓的过程中，儿童学习了按顺序排列以及如何组合同一系列的物体。

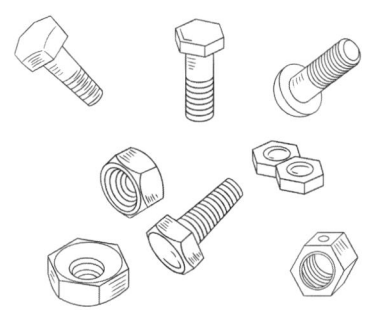

感官的庆祝活动

科学过程技能

- 聚焦观察
- 观察分类
- 组织和交流观察结果

科学词汇

- 相似
- 不同
- 水果
- 匹配
- 相同
- 视觉方面的术语（如"颜色""形状"）
- 描述物体尺寸的术语（如"大""长""小"等）
- 嗅觉方面的术语（如"甜""刺鼻""草莓味"等）
- 声音方面的术语（如"大声""鸣叫声""柔和声""噼啪声""咔嗒声"等）
- 触觉方面的术语（如"软""硬""光滑""粗糙""糊状"等）
- 蔬菜

这项活动为你提供了一个很好的方法来评估儿童使用所有感官进行探索的情况。它还能告诉你，儿童是否理解"相似"和"不同"的概念。更重要的是，这个活动让儿童有机会利用他们真正了解的一系列观察结果来做决定。他们会喜欢你带到教室里的新奇物体。

科学内容标准

儿童会注意到异同，以便根据感官识别的属性将物体分类；同时使用简单的描述性语言。（物理科学——物质的特性；科学探究）

怎么做

这个活动有五组不同的感官体验活动，每一组对应一种感觉，让儿童去执行。考虑一起做或分开做。利用你对儿童的了解来确定这些观察机会应有的复杂程度。例如，对于有经验的观察者，你可以向他们展示一个橙子和一个橘子，让他们告诉你这两种水果的相似点和不同点。对于刚开始观察的儿童，你可以给他们看一个椰子和一个苹果，然后问他们："这些食物有什么相似点，又有什么不同点？"然后帮助儿童观察物体的特性。

听

1. 让儿童闭上眼睛，并用手捂住眼睛。鼓励儿童仔细听，因为你要发出一些有趣的声音，你想让他们说出这些声音是相似的还是不同的。

材料

- 看起来、闻起来、摸上去和尝起来完全不同的食物材料（如椰子、洋蓟、木瓜、菠萝、柑橘类水果）
- 香草、香料或有香味的花
- 刀（成人使用）
- 噪声制造器（如哨子、金属敲击器、铃铛）
- 用于放置气味样本的小容器
- 有纹理的材料（如羊毛和其他纹理织物、假毛皮、砂纸、鞋刷、羽毛）

儿童读物

亚历基·布兰登伯格（Aliki Brandenberg）在《我的五种感官》（*My Five Senses*）一书中以一个孩子的视角对五种感官进行了探索。

2. 发出一种响亮的声音，如金属咔嗒声或口哨声。暂停一下，提醒儿童要善于倾听并告诉你第二个声音和第一个声音相似还是不同。重复同样的声音，让儿童举手表示他们认为这些声音相似还是不同。
3. 现在添加一种不同的声音（如铃声），让儿童就这个声音是否与上一个声音相似或不同进行投票。
4. 重复这些步骤，使用尽可能多的、不同的、有趣的声音。有时使用匹配的声音，有时使用不同的声音。

看

1. 向儿童展示一个有趣的物体，如椰子，并让他们仔细观察。另一只手拿起另一个椰子，问："这些物体是相似的还是不同的？"
2. 把你的手放在背后或桌下，拿出洋蓟。问："它和椰子一样吗？"现在试试木瓜和橘子，柠檬和酸橙，等等。和儿童谈谈为什么他们认为这些物体是相似的。问："你从什么地方看出它们长得很像？"如果儿童认为这些物体看起来不同，请他们描述这些物体的不同之处。有些物体有相似之处，也有不同之处，例如：柠檬和酸橙在形状上很相似，但颜色不同。

摸

1. 让儿童摸一张柔软的羊毛，然后摸另一张不同的羊毛。问："这些物体摸起来感觉相似吗？"让儿童触摸其他柔软或光滑的物体。让儿童谈论他们感觉到的物体。儿童如果闭上眼睛去感受和思考一个物体，有时就会想出更好的描述。

第二章 相似与不同 | 57

建议儿童试试这个。

2. 给儿童一些粗糙的东西，如砂纸或椰子。让儿童解释这些物体有哪些相似之处，又有哪些不同之处。

3. 让儿童根据物体的感觉将物体分类。鼓励儿童超越粗糙与光滑思考和分类。让儿童想出自己的分类标准，如凹凸不平、尖锐或粗糙。

闻

1. 把一个橘子或其他水果切成两半，让儿童闻一闻。问："这些水果闻起来一样吗？"

2. 切开木瓜、柠檬、酸橙或其他水果，把小块水果放在容器里，让儿童闻一闻这些水果。然后在混合物中加入玫瑰或其他有香味的材料。让儿童试着闭上眼睛，然后描述他们闻到的气味。这将确保儿童利用他们的嗅觉来辨别水果样品的异同。

尝

1. 向儿童描述探索新的味道多么有趣，尤其是当有人给你一种你从未吃过的食物时。不过，要提醒儿童，为了保证安全，他们只能尝试他们认识和信任的人给他们的食物，这一点很重要。

2. 用你在做嗅觉测试时用过的水果或其他食物来做味觉测试。提供小样本让儿童尝试。鼓励儿童像科学家一样思考。让他们品尝两种食物，品尝它们的味道，判断这两种食物的味道相同还是不同，而不是通过品尝食物来决定他们是否喜欢这些味道。

简单操作

- 让儿童在发现日记中画、写或口述他们的观察。

增加挑战

- 在未来的某个时候，带一些儿童最喜欢的东西回来，让他们再来一场快速的返场表演。这样做是为了检查儿童聚焦观察的程度。试着让儿童投票，看看他们认为哪些食物是相似的，哪些是不同的，然后让儿童运用感官再次探索这些食物。在近距离观察之后，儿童的判断会改变吗？加入一些新的和不寻常的物体和食物。

观察和评估儿童的科学学习

- 给定一组物体，儿童能提供简单的描述来表明他们在仔细观察吗？
- 儿童能把物体分类，并用"相似"和"不同"等词语来解释吗？有些儿童可能能够分辨出哪些物体是相似的还是不同的，但在这一点上，他们可能没有能力说出他们分辨的理由。

科学课程

户外活动——把儿童带到户外，让他们听一听，看看他们是否能听到相似或不同的声音。鼓励儿童寻找一些气味相同或不同的东西。问："攀岩者身上的金属的气味和篱笆上的金属气味一样吗？当它们是湿的时候一样吗？"让儿童感受一些植物的纹理，并将它们的感觉与室外的人造物体进行比较。儿童能找到感觉相同或不同的东西吗？

家庭参与

挑战儿童，让其从家里带来他们认为在某些方面相似或不同的成对物体。让儿童向其他儿童描述他们在这些物体中看到的相似点和不同点。

挖 沙

在这个活动中，儿童用触觉在沙盘上进行探索。当儿童在沙子表面挖洞时，他们会发现成对的物体。他们感觉如何？它们的质地是不同的还是几乎相同？当儿童把它们拿出来看时，就会发现他们的判断是否正确。

科学过程技能

- 聚焦观察
- 组织和交流观察结果

科学词汇

- 相似
- 埋藏
- 不同
- 成对的
- 相同
- 种类
- 粗糙的
- 光滑的
- 弯曲的
- 尖锐的

材料

- 一盒沙子或一张沙桌
- 成对的小物体，如橡胶圈、弹珠、塑料动物、玩具汽车、硬币、卡片、积木、石头和棍子

科学内容标准

儿童会通过比较埋在沙子里的具有相似属性的物体来注意物体之间的相似点和不同点；同时使用简单的描述性语言来比较对物体的感觉。（物理科学——物质的特性；科学探究）

活动前

收集一些相似或不同的物体，把它们埋在沙子里。

怎么做

1. 说："把你的手放在沙子里。"用你的手指感觉两个物体，一只手探索一个物体。
2. 问："你找到什么了吗？"你感觉手里拿的东西是相似的还是不同的？
3. 儿童先回答，接着把物体从沙子里取出来，一手拿起一个物体，立即检查他们的回答。
4. 让儿童把他们从沙子里拉出来的物体分成相似的物体和不同的物体两组。

> **儿童读物**
>
> 卡伦·鲁萨（Karen Roosa）的《海边的一天》（*Beach Day*）可以带你度过在海滩上的一天。在海边挖沙子会带来全新的意义。

> **主题连接**
>
> 动物
>
> - 在沙子里埋藏塑料动物，在动物园或农场的主题活动中开展寻宝游戏。
>
> 形状
>
> - 在形状主题活动期间将不同形状的玩具埋在沙子里让儿童寻找。

> **双语学习者**
>
> 为儿童示范表达相似与不同的术语。每次儿童拿出一对词语，鼓励儿童说出来并重复。
>
> **有特殊需要的儿童**
>
> 一些有感觉统合问题的儿童可能无法参加这种活动，因为可能会制造混乱。教师可以试着用五彩纸屑代替沙子。

简单操作

- 将两个相似的物体埋在沙子里。然后让儿童把手伸进沙子里，寻找这些物体——一只手拿一个物体。接下来，在沙子里放两个不同的物体。把它们混在一起，让儿童用手寻找这两个物体——一只手拿一个。在他们发现这些物体之前，让他们说出它们是相似的还是不同的，然后把它们从沙子中拉出来，以证实他们的观察结果。

增加挑战

- 为儿童提供一组需要仔细辨别才能分类的物体，如一分硬币、一角硬币、五分镍币、金属垫圈、代币和磁性代币各两个。

观察和评估儿童的科学学习

- 当儿童探索埋在沙子里的东西时，能感觉出两个埋在沙子里的物体是相似的还是不同的吗？
- 儿童能描述出物体间相似的或不同的特征吗？

科学课程

语言与读写——儿童在谈论感觉相似或不同的物体时学习比较性语言。

数学——儿童将相似的和不同的物体分成两组。

户外活动——如果你有一个室外的沙区，可以让儿童收集自然的和人造的材料来掩埋和寻找。

小组活动

我们有什么相似点？

科学过程技能

- 观察分类
- 组织和交流观察结果

科学词汇

- 相似
- 不同
- 图表
- 组
- 相同
- 最短的
- 最长的

材料

无

儿童常常能意识到自己与其他儿童的相似点或不同点。"看，我们的衬衫上都有星星"，或者"我们穿了同样的鞋子，但我的鞋子是黑色的"，这些都是儿童与他们的朋友或教师分享的想法。在这个活动中，儿童根据这些观察结果来组成小组。他们可能会惊讶地发现，他们可以属于不止一个小组。

科学内容标准

儿童会注意到彼此之间的相似点和不同点，以便分为不同的小组；同时使用简单的描述性语言；儿童可以通过画图表来组织信息。（生命科学）

怎么做

1. 让儿童通过探索他们外表的相同点和不同点来开始这个活动。鼓励儿童谈论他们的相似点和不同点。利用你看到或听到儿童谈论的共同点。抓住这个机会来讨论为什么所有人在很多方面都是相似的，但每个人是独一无二的。

2. 将一些有着共同特征的儿童分成一组，但不告诉儿童这种共同特征是什么。由于这个年龄段儿童的发展水平有限，教师最好只按照一个特征（如儿童穿的鞋子上有没有鞋带）来分组。

3. 一旦小组组成，教师可让各小组的儿童排成一排，制作一个条形图的生动模型。这将便于儿童比较两组的相对人数。形成人体条形图最简单的方法之一是：让两组儿童面对面。从同一点开始，儿童排成两列，盘腿坐着。这样很自

> **儿童读物**
>
> 安·莫里斯（Ann Morris）的《帽子，帽子，帽子》（Hats, Hats, Hats）用书名说明了一切。肯·海曼（Ken Heyman）拍摄的照片展示了帽子的相似之处，例如，在世界各地帽子都很软，但各不相同。安的其他作品［如《房子和家》（Houses and Homes）和《爱》（Loving）］也同样吸引人。
>
> 芭芭拉·克利（Barbara Kerley）的《你和我在一起——世界各地的妈妈、爸爸和孩子》（You and Me Together: Moms, Dads, and Kids Around the World）是一本充满活力的书，介绍了世界各地的家庭的相似点与不同点。

然地将儿童均匀地隔开，从而便于儿童比较哪条线最长。

4. 让儿童试着发现各小组中每个人的共同点。

简单操作

- 在人行道或柏油路上，根据眼睛和头发的颜色（蓝色、绿色、棕色、黑色等）画不同颜色的正方形。例如，让黑头发的儿童站在黑色方块里，棕色头发的儿童站在棕色方块里，以此类推。讨论为什么儿童去了他们所去的小组。然后让他们在组内寻找差异。例如，小组成员头发的颜色相同，但眼睛的颜色可能不一样。重复这个活动，注意眼睛的颜色。然后将眼睛组和头发组进行比较。

增加挑战

- 给儿童几张方形小纸片。帮助儿童把自己的头发颜色写在纸片上，或者用这种颜色的笔在纸片上做标记。让儿童挑战把颜色相同的方形纸片分成一组，然后用这些纸片做一个图表，看看最常见的和最不常见的头发颜色是什么。就颜色（如眼睛、衬衫或鞋子的颜色）重复这个活动。

观察和评估儿童的科学学习

- 儿童能找出群体的共同特征吗？

科学课程

语言与读写——儿童描述小组成员的相似点和不同点。

主题连接

- "关于我和我的身体""关心他人""相互了解"和"家庭"只是有待完善的活动主题中的其中几个。给儿童带些镜子,让他们真正地审视自己和他人。鼓励儿童谈论并画出他们看到的东西。让他们为自己的画拟写标题。为儿童提供必要的帮助。

数学——儿童通过分组来学习共同的特征。儿童还做了一个条形图的生动模型;这有助于他们比较小组的规模。

户外活动——和儿童一起出去,寻找相似的和不同的事物。和他们一起讨论,"看看这些树。它们有什么相似点?它们有什么不同点?我们在这里还能看到哪些相似和不同的物体呢?"把他们的注意力吸引到树叶、动物、窗户或建筑物上。

检查要点：相似与不同

在圈内还是圈外？

这个简单的小游戏可以帮助你评估儿童对"相似"与"不同"概念的理解程度。它也提供了一个明确的指示，儿童如何发展他们的观察能力和分类技能。最后，这一活动提供了儿童能够观察到的关键细节水平的说明。与单个或几个儿童一起玩这个评估游戏。你可以很容易地根据每个儿童的能力调整挑战水平。

科学内容标准

儿童会注意到相似点和不同点，以便根据物体的属性将其分组；同时使用简单的描述性语言。（物理科学——物质的特性；科学探究）

怎么做

1. 在玩游戏的儿童触手可及的范围内放置一系列有趣的物体。每个儿童需要两个物体和一些额外的物体。根据你之前对儿童分组技能的观察，选择儿童能够分类的物体。例如，对于一些儿童，你可能会选择相同的物体，而对于另一些儿童，你可能会选择不同的物体。用更复杂的材料来挑战能力更强的儿童。

2. 说："看看这些物体。其中一些是我们观察和进行过很多次分类的。其他物体是新的。我说'走'的时候，拿两个物体，一只手拿一个。准备好了，

科学过程技能

- 聚焦观察
- 观察分类
- 组织和交流观察结果

科学词汇

- 相似
- 特征
- 不同
- 有关颜色、形状、纹理等的描述性词语
- 物质
- 属性

材料

- 1米长的绳子或纱线
- 硬纸箱（大到足以容纳这次活动的教具，并且上面贴有"检查要点：相似与不同"的标识）
- 儿童用起来安全、容易操作、便于存储的各种有趣的材料（可能包括：不同颜色和形状的岩石；橡子等天然材料；塑料玩具，图片，图案积木，独特的家用小工具。确保包含一些完全相同的物体，如成对的积木或计数器）

第二章 相似与不同 | 65

走吧！"

3. 一旦儿童拿到他们的物体，对他们说，"看看你手里拿的是什么。它们是相似的还是不同的？"倾听儿童的反应，鼓励他们表达自己的看法。你可能会说："所以你认为你手上的两个物体是相似的。它们的相似点是什么呢？它们都是红色的吗？回答正确，它们都是红色的。除此之外，还有别的相似点吗？它们有什么不同点吗？还是完全一样？"

4. 让每个人归还他们拿的物体，然后把它们混合起来，让儿童再选择两个物体。设定快节奏会让游戏更刺激。继续玩几轮游戏，直到你清楚地了解儿童辨别相似和不同的物体的能力，以及他们交流观察结果的能力。

5. 用绳子或纱线在你面前围成一个大圆。对从可用集合中选择的物体的属性进行大量描述。例如，拿起一颗橡子并说："让我仔细看看这颗橡子。让我们来看看。它是棕色的。它的表面一部分粗糙，一部分光滑。它是圆的，可以在我手里打滚。我想知道它闻起来是什么味道的。嗯，没什么味道。"然后把它放在圆圈里。

6. 解释你现在正在寻找与圆圈里的物体相似的其他物体，这样，这些物体也可以被放入圆圈。让儿童选择一个可以放入圆圈的物体。关键是让儿童告诉你为什么把该物体放入圆圈。让儿童解释这个物体与圆圈里的物体的相似点。确保儿童理解新发现的物体不必与圆圈里的物体相同；它只需有一个与圆圈里的物体相似的特征。新发现的物体可能是一个棕色按钮或一个圆形弹珠。

7. 与儿童交谈，确保他们在合理的比较基础上做出决定。

观察和评估儿童的科学学习

- 给定一组物体，儿童能进行简单的描述来表明他在仔细观察吗？
- 儿童能对物体进行分类，并用"相似"和"不同"来解释他的工作吗？有些儿童可能能够辨别出相似或不同的物体，但还没有能力解释依据。
- 儿童能通过观察准确地选择在某种程度上与圆圈里的物体相似的物体吗？

第三章
探 索 运 动

科学概念

本章将探讨以下科学概念：

1. 当力作用于物体时运动就会出现；
2. 当施加在正在运动的物体上的力的大小或方向发生改变时，运动就会发生变化；
3. 日常世界中所有运动的物体最终都会停止运动。

引　言

运动在人们的生活中扮演着至关重要的角色，当孩子们开始挥动他们的胳膊和腿时，他们对运动的自然迷恋就开始了。本章旨在帮助儿童了解更多关于运动的现象，儿童将探索不同方面的运动，包括怎样控制动作以及运动如何影响他们与周围的环境。儿童通过理解运动是什么、什么引起运动、什么可以改变运动，来了解为什么自然界中的物体会有自己的运动方式。

准备

在探索区或其他区域里放置以下材料或其他有趣的物品，供儿童在自由探索时间进行探究：

- 直径为 5 厘米，长 1.2 米的塑料管，肘形接头和 T 形接头；
- 气泵；

- 手持式风扇；
- 沙滩排球；
- 弹珠和高尔夫球；
- 泡沫软管或硬纸管；
- 可旋转玩具，如陀螺；
- 可以扇动空气的东西，如簸箕和纸板；
- 玩具车；
- 可以展示运动的玩具或其他物品，如弹珠迷宫。

自由探索

我们可以通过和孩子们讨论物体是如何移动的，以及我们可以做什么让物体移动来开始我们的自由探索。用一些有趣的东西（如玩偶盒或弹珠迷宫）帮助你展示运动。让儿童思考其他可以移动的物体，然后提问："它们在滚动、跳跃还是飞翔？""你有会动的玩具吗？"当儿童开始分享自己的想法时，教师可以用运动发现表记录，你也可以列出所有孩子们能想到的他们的身体移动方式。

让儿童有充分的机会探究教室里的新材料。儿童在刚开始探索材料时可能需要一些建议或指导，但重要的是自由探索，所以在儿童探索过程中教师不要过度引导。

现在是时候开始制作这项探究的发现书了。你可能想制作多本发现书，每本书涉及一个特定的活动，或者制作一本有图画和说明文字的通用书来展示儿童正在学习的与运动相关的知识，这两种方法都有效。儿童也可以在自己的发现日记中画画、书写或者口述他们所做的和所观察到的事情。

当儿童进行本章的活动时，把他们的发现结果增加到探索运动表中。

追踪滚动的弹珠

科学过程技能

- 聚焦观察

科学词汇

- 从一边到另一边
- 曲线
- 方位
- 有关运动的词语
- 停止
- 直线
- 轨迹
- 拖拉

材料

- 纸盒
- 弹珠或高尔夫球
- 剪成纸盒大小的纸
- 纸巾（用于清理）
- 装颜料的浅杯子
- 蛋彩画颜料

儿童读物

阿琳·莫塞（Arlene Mosel）的《有趣的小女人》（*The Funny Little Woman*）［插图由布莱尔·伦特（Blair Lent）绘制］获得了凯迪克奖。这本书描绘了一个女人在地下追赶一个滚动的饭团，这个有趣的小女人正在进行一项令人难以置信的冒险，这一切都是因为重力和一个滚动的圆形物体。

弹珠绘画是许多幼儿园班级里的常见活动，它通过绘画来记录物体的运动轨迹，从而将艺术活动扩展到科学领域。当弹珠向上、向下或向四周移动时，儿童可以使用颜料来追踪它的移动轨迹。

科学内容标准

儿童会了解到改变作用力的大小和方向会导致运动的改变。（物理科学——物体的位置和运动）

怎么做

1. 在纸盒子的底部放一张纸，往盒子里放置一个弹珠，当教师从不同方向移动盒子的时候让儿童观察弹珠运动。接下来让儿童自己尝试，同他们讨论：如果想让弹珠停下来或者改变方向，那么我们应该做什么。

2. 教师告诉儿童："我们可以画一幅画来帮助我们记住弹珠是如何移动的。"在弹珠上涂上颜料，将其放进盒子里，移动纸盒让弹珠滚动，直到弹珠停下来在纸上留下轨迹，再使用另一种颜色的颜料来显示弹珠的不同运动轨迹。

3. 鼓励儿童创作更多弹珠轨迹画，经过练习，他们逐渐学会控制弹珠的移动方向，从而创作出更复杂的画。

简单操作

- 让孩子们滚动其他物体，可以尝试不同材质的玩具车或球，观察它们留下的运动轨迹。将锡

主题连接

颜色

- 这个活动提供了一个探索混合颜色和分层颜色以及用圆形物体进行实验的好方法。经过一段时间的实验,孩子们创作的弹珠画会变得更加复杂。

有特殊需要的儿童

有感觉统合问题的儿童可能不会把弹珠放到颜料里面,教师要鼓励儿童用勺子或其他他们认为舒适的工具来推动弹珠。

那些运动发育迟缓的儿童可能需要别人帮助他操作盒子。

使用带盖的比萨盒或鞋盒,可以避免儿童在操作过程中将弹珠从盒子里滚出来。

箔纸或橡皮筋缠在高尔夫球上,留下有趣的痕迹。可以尝试探索很多不同材质的小球,如吸盘、橡胶纤维、泡沫。向孩子们提供不同浓度的颜料,鼓励他们探索影响弹珠的不同方式,找到他们认为最适合这项活动的颜料。

增加挑战

- 把图纸或报纸放进一个很大的盒子里,让几个孩子一起移动弹珠来画一张很大的画。当孩子们朝着某个方向倾斜盒子时,他们可以预测弹珠的走向吗?

观察和评估儿童的科学学习

- 儿童可以在纸上找到弹珠在图上改变方向的位置吗?
- 儿童能把弹珠移到盒子里的确定角落或者边沿吗?

科学课程

数学——设置挑战,让儿童识别弹珠滚动的轨迹的形状。

户外活动——让孩子们到户外制作一幅巨画。首先让孩子们穿上罩衣,再用胶带把几张纸粘在一起,做成一张3.5米宽或者更大的方形纸。在带边的盘子里放一些颜料。用保鲜膜把操场上的球或篮球包起来(便于清理)。让孩子们坐在纸的边缘,用球蘸上颜料,在纸上来回推球,做成一幅巨大的"弹珠画"。

一个带动多个

你听说过多米诺骨牌效应吗？当然听说过！但是很多儿童可能没有体验过"牵一发而动全身"的连锁反应。多米诺骨牌或积木可以让儿童体验连锁运动和连锁反应。

科学过程技能

- 聚焦观察

科学词汇

- 倒下
- 线
- 图案
- 推
- 空间

材料

- 至少10个不同大小的长方体积木（教师根据儿童的运动技能水平决定使用大积木还是小积木）

科学内容标准

儿童会观察到，当力作用于物体的时候，运动就会发生。（物理科学——物体的位置和运动）

怎么做

1. 向儿童展示如何将10个或更多的积木垂直排成一列，并且使每个积木间有小空隙。
2. 让儿童轻轻把线上第一块积木推向第二块积木。
3. 当推力从第一块积木转移到第二块积木时，第二块积木就会倒下，提问孩子们："如果所有积木倒下会发生什么？"
4. 孩子们轮流推，观察其他积木倒下的过程。
5. 重复这个活动，这一次让孩子们数他们放置的积木的数量。不断让他们加快数数的速度以增加趣味性，他们能跟上积木倒下的速度吗？
6. 让孩子们把积木摆成其他形状，然后让积木倒在可能的地方。按照一个模式（如大、小、大、小）排列积木。鼓励孩子们自己探索这个神奇的过程。

第三章 探索运动 | 71

> **儿童读物**
>
> 伯妮丝·拉贝（Berniece Rabe）的《平衡女孩》（The Balancing Girl）一书讲的是玛格丽特的故事。玛格丽特戴着腿部支架，有时候要坐在轮椅上，她是平衡专家。书中她小心翼翼地在学校的地板上搭建多米诺骨牌，随后在学校的募捐活动中出售推倒第一张多米诺骨牌的机会。

简单操作

- 孩子们可以找到其他类似的积木或物体吗？有一些积木（比如半圆）会不会产生同样的效果？
- 给儿童提供不同大小的积木。

增加挑战

- 给孩子们一些积木让他们搭建出复杂或者较长的形状，是不是有一些形状的积木产生的效果更好？

观察和评估儿童的科学学习

- 儿童是否明白他必须把相邻的积木放得足够近，才能使所有积木倒下？
- 儿童是否知道是他的初始力让积木倒下？

科学课程

数学——挑战儿童数一数自己摆放的积木。

告诉儿童，当他们摆放积木时，他们也是在建立模型。

家庭参与

如果儿童的家里有多米诺骨牌或积木，家长可以让儿童强化正在学习的关于运动的知识。

结合科技

在网上搜寻关于多米诺骨牌比赛的视频，大多数视频会显示多米诺骨牌的特点：多米诺骨牌被推倒后会形成复杂的图案。

> **主题连接**
>
> **积木**
>
> - 用新的方式玩积木。"我们要探索多少种不同的积木？""我们能找到多少不同的使用方法？"教师可以创建一个照片和视频库来记录与展示班级的调查结果，甚至可以创建一个积木博物馆。

双语学习者

教师可以反复演示和讲解活动的步骤，帮助儿童掌握与运动相关的概念和新词语。

使用照相机记录积木倒下的视频，讨论不同积木倒下的异同点。是不是有一些积木更适合这个活动？为什么？

使用博物馆和社区资源

社区里也许有人有搭建多米诺骨牌的爱好，教师可以邀请其到班级里进行展示。

坡　　道

在生活中，坡道（如车道、轮椅坡道、建筑中倾斜的地板或操场上的滑梯）随处可见。儿童一旦开始探究坡道，就会发现它无处不在。

科学内容标准

在向物体施加力的同时，儿童会观察物体是否会向下或向上移动，并且将物体分为滚轴和滑块。（物理科学——物体的位置和运动）

怎么做

1. 和三四个儿童一起做一个斜坡，使用石块调整斜坡高度以使其稳定。
2. 倒出我们收集的材料让儿童探究，引导儿童思考："观察这些材料，选择你认为会滚下或滑下斜坡的物品，我们每个人轮流验证我们的猜测。"
3. 在儿童验证了自己的猜想后，教师引导他们把滚动的物体放在一起，把滑动的物体放在一起。
4. 让孩子们寻找其他滚轴和滑块，提问："有既是滚轴也是滑块的物体吗？"例如，玩具车的轮子可以滚动，但是当它倒下来时就可以滑动。用什么方式可以让滑块和滚轴从斜坡上下来？

简单操作

- 让儿童用收集到的物体比赛，强调"最远""更快""更慢"等比较性词语。把跑得最远、最快的物体放在赢的圆圈里，鼓励儿童画出他们最喜欢的物体。如果儿童有能力，他们还可以写

科学过程技能

- 聚焦观察

科学词汇

- 关于比较的表达（如"更远""更快""更慢"等）
- 斜坡
- 坡道
- 滚动
- 倾斜
- 滑动

材料

- 积木
- 能够滚动或滑动的物体（如弹珠、积木、球、跳棋、小盒子或其他容器、多米诺骨牌、铅笔、塑料瓶和石头、木板、又宽又厚的硬纸板、用来做斜坡的纸板）

儿童读物

安妮·罗克韦尔（Anne Rockwell）的《大轮子》（*Big Wheels*）和莫·威廉斯（Mo Willems）的《别让鸽子开车》（*Don't Let the Pigeon Drive the Bus*）都是涉及轮子和滚动的书。

也可以考虑让儿童读一读凯特·佩蒂（Kate Petty）的儿童读物《自行车》（*Bicycles*）。

儿童读物

詹姆斯·里吉奥·希兰（James Riggio Heelan）和妮古拉·西蒙斯（Nicola Simmons）的《滚滚向前——泰勒和轮椅的故事》（*Rolling Along: The Story of Taylor and His Wheelchair*）能够提升孩子们对有特殊需要的儿童的意识和敏感性。

主题连接

坡道

- 在儿童学习和游戏的环境中有很多坡道，探索环境中的坡道，用你能找到的所有坡道的照片制作自己的坡道手册。

双语学习者

重复演示和讲解操作步骤，非常详细地描述儿童从斜坡上送下来的每一个物体的名称。

有特殊需要的儿童

把物体放在斜坡上并放开它们，对运动发育迟缓的儿童来说是有帮助的。

上标签或说明，或者向你口述这些说明。引导儿童测量物体移动的距离并用图表来表示测量结果。

增加挑战

- 将手或鞋作为简单的测量单位来测量物体在斜坡上移动的距离。例如，一个弹珠可以滑动8只鞋的长度，而一辆玩具车只能滑动5只鞋的长度。同时，要考虑使用直尺或米尺等标准测量工具，向儿童解释如何使用工具和使用工具的原因。例如，大多数人对米和厘米比较熟悉，我们就可以用这些测量单位向家人描述物体移动的距离。

观察和评估儿童的科学学习

- 儿童能否区分可以从斜坡上滚下来的物体和不能滚下来的物体的属性？

科学课程

语言与读写——儿童会使用"最远""更快""更慢"等比较性词语。

数学——儿童在这个活动中有机会测量物体滚动的距离。

户外活动——可以在户外的操场上建斜坡或者滑梯，看看儿童能找到多少可以在坡道上测试的滚轴和滑块。

结合科技

教师可以拍摄社区周围斜坡的照片，向孩子们展示这些照片，讨论坡道如何使物品或人员更容易进出建筑物。

过山车

过山车时间到了！用一些简单的材料，孩子们就可以试验斜面的斜坡，让弹珠在山上上下移动，甚至沿着曲线移动。如果斜坡太陡，弹珠可能就会跳轨。如果斜面太平，那么弹珠可能就不会爬上下一座山了。孩子们会做什么类型的过山车呢？

科学内容标准

儿童会观察到，当力作用于一个物体时，运动就会发生，而改变施加的力的大小或方向会导致运动的变化。（物理科学——物体的位置和运动）

儿童会比较斜坡各个部分的高度和角度。（线性测量）

怎么做

1. 向儿童展示如何使用泡沫软管为弹珠制作不同的通道，以及如何使用积木沿着通道搭建斜坡。构造一个高斜面和一个低斜面，比较弹珠如何在斜面上滚动。
2. 帮助孩子们用胶带把这些结构粘在积木、椅子或其他道具上，使这些结构具有半永久性。孩子们可能会创设出一条路径，直到弹珠落到一杯水里。提问："你能用一根管子做过山车吗？""你能把两根管子连接起来做一个更长的过山车吗？"
3. 观察儿童让弹珠从过山车上滚下来的过程，倾

科学过程技能

- 聚焦观察
- 线性测量

科学词汇

- 山
- 坡道
- 滚动
- 斜面

材料

- 积木
- 弹珠
- 胶带
- 120~180厘米长的泡沫软管（纵向切成两半）

儿童读物

马拉·弗雷齐（Marla Frazee）的《过山车》（Roller Coaster）一书开篇讲的是很多人排队坐过山车。书里面的插图很有趣，不同大小的人都在等待，过山车看起来很大、很复杂且令人害怕。书的图片和文字都很有趣。

> **儿童读物**
>
> 伯纳德·韦伯（Bernard Waber）的《艾拉说再见》（*Ira Says Goodbye*）这本书中，艾拉最好的朋友雷吉搬到一个新的城镇，城镇里有一个激动人心的过山车！这也是雷吉很高兴地搬家的原因之一。

听他们的描述。弹珠滚到最后了吗？如果没有，他们能找到办法让它做到吗？

简单操作

- 让儿童仔细观察他们的过山车并讨论他们看到的东西。他们用了多少块积木支撑它？还可以用什么支撑？让儿童画下过山车，有些儿童的画包括一些细节，比如支撑每一座山的积木数量，有些儿童的画可能就是表示斜坡的简单曲线。鼓励儿童为他们的画写说明或向教师进行口述，这样可以记录下他们的语言。

增加挑战

- 使用曲线和环形积木建造更复杂、更长的系统，测试弹珠能不能滚得更远。

观察和评估儿童的科学学习

- 有了过山车装置，儿童能描述弹珠滚下斜坡的过程吗？
- 儿童能指出弹珠可能在斜坡的哪个位置会减速或停止，以及比较弹珠在停止前移动的距离吗？

科学课程

语言与读写——根据儿童的绘画和对山车的描述制作一本班级发现书。

数学——儿童会在这个活动中数他们制作轨道时所使用的泡沫软管的数量，还会比较结构的高度和角度会如何影响弹珠的速度。

> **主题连接**
>
> **夏日乐趣**
>
> - 由于一些家庭会在夏天一起去集市或者游乐场，因此教师可以把这个活动添加到夏日乐趣这个主题里。在成年人的帮助下，这些弹珠过山车可以做成和儿童赛车跑道一样的环形。也会有一些从简单到复杂的成品弹珠轨道，"玩具轨道"项目可以探索移动弹珠、玩具车和火车的方式。

第三章 探索运动

有特殊需要的儿童

有运动障碍的儿童可能会喜欢抓放弹珠。

家庭参与

请家长分享孩子们乘坐过山车或在游乐园里的家庭照片。

结合科技

下载世界各地的过山车和弹珠轨道的图片给孩子们看。这些图片可能会激发孩子们做一些有创意的设计。

向右转，向左转

科学过程技能

- 聚焦观察
- 观察分类

科学词汇

- 控制
- 移动
- 管道
- 释放
- 滚动
- 翻转

材料

- 1个肘形接头
- 1个T形接头
- 2个盒子
- 塑料管（直径为5厘米，长为1~1.5米）
- 弹珠或高尔夫球

儿童读物

在理查德·沃林（Richard Waring）的《跳舞的鳄鱼阿尔贝托》（Alberto the Dancing Alligator）一书中，阿尔贝托和他的朋友蒂娜在浴室跳舞时，不小心被冲进了马桶。该故事讲述阿尔贝托进行了一段地下管道世界的旅程，最终回家与他的舞伴团聚。

这个活动让儿童参与到行动中来，在学习用新方法玩球时，他们会观察、控制动作来实验。

科学内容标准

儿童会了解到改变作用力的大小或方向会导致运动的改变。（物理科学——物体的位置和运动）

怎么做

1. 把肘形接头接在管子上，把盒子放在旁边。
2. 向儿童展示把管道的接头部分放在距离盒子几米的地板上，并且让球从管道中滚下去。小球可能会从接头处出来滚进盒子里。
3. 给儿童一些时间，让他们试着把球滚到盒子里。孩子们应该很快就意识到如果接头连接处面向盒子，球会始终如一地从接头滚到盒子里，而不是向其他方向滚。让孩子们数一数有多少个球滚进了盒子，有多少个球没有滚进盒子。
4. 当孩子们有足够的时间试验肘形连接后，教师给他们T形接头。让他们自己去发现对结果的预测的差异。如果使用T形接头，孩子们就不知道球会从哪一边出现，也不知道球滚向盒子的频率。
5. 让孩子们数一数有多少个球滚进了盒子，有多少个球没有滚进盒子。

简单操作

■ 提问儿童："你认为管道的高度和角度会影响球

主题连接

游戏

- 儿童喜欢锻炼身体技能方面的挑战，特别是用他们自己的方式。这个活动是一个简单的技能游戏，孩子们必须瞄准并练习用手肘把球打进箱子里。随着能力的提高，儿童通常会超越目标、挑战自己。
- 当孩子们准备好迎接下一个挑战时，给他们盒子、豆袋、球或松果，让他们把这些材料扔进筐里。你还能想到其他与动作相关的精彩游戏吗？

双语学习者

在向儿童展示材料时，一定要用语言重复说明并演示操作步骤，以确保他们能够理解。

从哪边出来吗？"鼓励儿童验证他们的猜想。

增加挑战

- 向儿童展示如何使用计数标记或图表来记录有多少球进了盒子，有多少球没进盒子。

观察和评估儿童的科学学习

- 儿童是否知道，他们可以用肘形接头控制球滚动的方向，而用T形接头要困难得多？

科学课程

数学——儿童在活动中计算有多少球滚进了盒子，有多少球没有滚进盒子。

使用博物馆和社区资源

邀请一名管道工到教室里向孩子们演示水管在家里和学校是如何工作的。管道工可能会捐赠管道和接头资源。

快速检查：探索运动

什么物体会滚动？

科学过程技能

- 聚焦观察

科学词汇

- 移动
- 拉
- 推
- 滚动
- 轮子

材料

- 各种能够滚动和不能滚动的物体（如玩具车、球、橡子、松果、冷冻晚餐托盘、各种形状和大小的空容器、报纸或积木）

儿童每天都在见证运动，实际上他们本身就是在行动中运动的极好的例子。这个活动会让儿童观察、预测他们认为会滚动和不会滚动的物体，作为最后的练习，儿童会参与到活动中。

科学内容标准

儿童会观察到，当力作用于物体时，物体就会运动。（物理科学——物体的位置和运动）

怎么做

1. 和儿童讨论他们最近所有与滚动相关的事情。例如，"谁能记起来有哪些东西可以滚动？""你是对的，菲利普。我们用弹珠做了很多事情。我们用过沙滩排球和带轮子的东西。现在我们要尝试一些新的东西。"

2. 把收集到的材料放在地板上，与孩子们讨论哪些东西可以滚动。鼓励儿童尝试采用推、拉或者其他方式对物体施加足够的力以使物体滚动。对他们的努力做出评价："不管你做什么，那个冷冻的餐盘似乎都不会滚动。我注意到你把瓶子翻过来的时候它滚了好长一段路。如果它立起来，你能让它滚动吗？我想知道你如何才能让报纸滚起来。"

3. 对儿童提出挑战，让它们在教室里搜寻他们认为

可以滚动的物体并把它们收集起来。儿童可能会找到一些具有特殊形状的滚轴，即使是骰子这样的立方体，在投掷的时候也会滚动。

4. 问问孩子们他们的身体会不会滚动。向他们展示如何让身体滚动起来，并建议他们假装自己是在房间里滚动的轮子。他们可以找到其他让自己滚动的方法吗？

近距离观察

展示——让儿童告诉你哪些物体滚动了，哪些没有滚动，并把可以滚动的物体放在一起，把不可以滚动的物体放在一起。

描述——与儿童讨论为什么有的物体可以滚动而有的物体不可以滚动。关于形状的问题在谈话中出现了吗？

绘画——让儿童选择一个"滚轴"并将其画下来，在另一页画不能滚动的物体。儿童能不能在画中理解形状的概念？

书写——让儿童口述所画的词语或标签，也可以使用拼写的方式，他们可以把两幅画标记为"滚轴"和"非滚轴"，写出物体的形状，或者列出他们最喜欢的滚轴。

观察和评估儿童的科学学习

- 根据你的观察和儿童的表现，评估儿童是否理解形状会影响物体运动。

弹 跳 物

从婴儿期开始,孩子们就喜欢看会弹跳的物体。这个活动可以让孩子们探索和研究他们的世界里除了球以外,其他许多可以弹跳的物体。

科学内容标准

儿童会了解到,改变作用力的大小或方向会导致运动的改变;在日常生活中,所有的物体最终会停止运动。(物理科学——物体的位置和运动)

活动前

收集几个弹跳物和非弹跳物。选择一些不像球的可弹跳物,让孩子们可以观察到并不是所有可弹跳的物体都是球。这些物体可能包括软木塞、宠物玩具或者不规则的泡沫橡胶块。确保教室里有足够的材料让孩子们收集来做弹跳测试。

怎么做

1. 和儿童讨论并提问:"谁知道怎么跳起来?你能让你的整个身体跳起来吗?看,大卫的衬衫都跟着他跳了。安·玛丽的辫子也是。你能坐下来做弹跳运动吗?你能把双手放在膝盖上弹跳吗?你还能想到哪些可以弹跳的物体?"

2. 拿出收集的物体并告诉孩子们:"一起探究,让我们寻找可以跳起来的物体,泡沫橡胶块可以跳起来,但是羽毛只能静静地躺在那里,纸也是。对于芥末瓶你有什么发现呢?"

3. 让儿童在教室里寻找他们认为可能会弹跳的物

科学过程技能

- 聚焦观察
- 观察分类

科学词汇

- 弹跳
- 下
- 寻找
- 测试
- 上

材料

- 各种弹跳物和非弹跳物

儿童读物

多琳·克罗宁(Doreen Cronin)的《弹跳》(*Bounce*)这本书里有一只会跳的兔子和其他东西。

第三章 探索运动 | 83

主题连接

儿歌

- 很多儿童歌谣、手指谣、游戏和书里面都涉及弹跳,花一些时间探索和表演《五只小猴子》(five Little Monkeys)、《敏捷的杰克》(Jack Be Nimble)等儿歌。

双语学习者

鼓励儿童在判断哪些物体可以弹跳而哪些不可以时,说出它们的名字。

体,并把他们收集的物品带到小组中进行测试。将物体分为弹跳物和非弹跳物。

简单操作

■ 将弹跳物和非弹跳物收集起来并排成简单的图形,孩子们是否能发现其中一种物体比另一种多?

增加挑战

■ 帮助儿童做更详细的分类。儿童可能会将弹跳物细分为弹跳性好的弹跳物、小弹跳物和非弹跳物,帮助儿童用图画和文字在发现日记中记录。

观察和评估儿童的科学学习

■ 儿童能把各种材料分为弹跳物和非弹跳物吗?
■ 当给儿童新材料时,他们是否可以很好地预测物体是否能弹跳?

科学课程

数学——这个活动让孩子们有机会把物体分成两类:弹跳物和非弹跳物。

帆 船 比 赛

科学过程技能

- 聚焦观察

科学词汇

- 从一边到另一边
- 气泵
- 在……之下
- 风扇
- 漂浮
- 移动
- 帆
- 斜向一边，侧着
- 风

材料

- 风扇、气泵等能够造风的物体
- 塑料泡沫、木材或其他漂浮材料
- 装满水的大型扁平容器

儿童有了戏水台就可以探索帆船和风力机，让他们找到漂浮物并展示风如何使物体在水中移动。他们就会探索一些物体是否比其他物体更容易随风移动。

科学内容标准

儿童将会观察到，当力作用于一个物体时，运动就会发生；而当力的大小或方向改变时运动也会改变。（物理科学——物体的位置和运动）

怎么做

1. 在水面上放置一些漂浮的物体，向儿童展示如何对其中一个物体吹气，使其在水面上移动。告诉儿童"假设这些漂浮的东西是船，我们将成为让它们在水面上航行的风"。

2. 当孩子们试着把船吹过"池塘"时，请为他们加油。孩子们能不能向同一条船吹气，让船走得快一点呢？让一个孩子从一个方向吹，另一个孩子从相反的方向吹，会发生什么呢？孩子们是否可以尝试用不同的工具（如风扇和气泵）来移动物体？有些船比其他船更容易移动吗？

3. 你可以说："告诉我你发现的移动船只的所有方法。试试你朋友的想法，看看效果如何。"

简单操作

- 用泡沫塑料做基座，木棒做桅杆，纸或索引卡做帆，制作一只简单的帆船。提问儿童："它比

漂浮的物体更容易移动还是更难移动?"

增加挑战

- 让儿童根据移动材料的难易程度对材料进行分类。

观察和评估儿童的科学学习

- 观察儿童能否预测物体将会去哪里。他们是否会调整吹气的方向以使物体朝某个方向移动?

科学课程

数学——在这个活动中,儿童根据物体移动的难易程度将其分组。

户外活动——把戏水台搬到外面,让儿童自己寻找可以浮在水面上的东西,向水面吹气。或者让儿童在外面找东西,然后把它们带回来,在水上试一试。

家庭参与

孩子们可以在家里的浴缸里洗澡时动用风力来玩漂浮玩具。

儿童读物

玛乔丽·弗拉克(Marjorie Flack)的《河上的船》(*Boats on the River*)以许多不同的船(包括帆船)为特色。

珍妮特·比尔(Janet Buell)和石田瑞(Jui Ishida,插画师)的《扬帆远航,小船》(*Sail Away, Little Boat*)讲述了一只玩具船驶向大海的旅程。

主题连接

戏水台

- 儿童可以从简单的体验开始。船——在水上工作的机器、人和水道都是有趣的主题。你附近有什么水源?池塘、湖泊、河流还是海洋?人们是如何与水互动的?他们会游泳、钓鱼还是划船?寻找这些问题的答案可以成为一个很棒的"家附近"项目活动。

双语学习者

让孩子们的身体像物体在风中移动一样:快、较快、慢、较慢地移动。

你能移动我吗?

科学过程技能

- 聚焦观察

科学词汇

- 移动
- 拉
- 推
- 停止

材料

- 踏板车、马车、滑板或其他轮式交通工具

儿童读物

斯蒂芬妮·卡尔门森（Stephanie Calmenson）的《轮滑鞋》（Roller Skates）很容易读懂。书里面有很多人，如遛狗的人、送货员、购物者、通勤者，他们穿着轮滑鞋去他们要去的地方。

在弗吉尼娅·李·伯顿（Virginia Lee Burton）的《小房子》（The Little House）一书中，小房子被顶起放在一辆拖车上，搬到了乡村。车的轮子甚至可以移动像房子这样沉重的东西！

推坐在滑板车上的孩子需要一定的力量，在滑板车上推两个孩子或者一位老师需要更多的力量。用儿童的话说，推动老师比推动朋友要难得多。

科学内容标准

儿童会了解到，改变作用力的大小或方向会导致运动的改变；在日常生活中，所有运动的物体最终都会停止。（物理科学——物体的位置和运动）

怎么做

1. 坐在教室中间的滑板车上问孩子们："为什么我动不了？你能帮我搬家吗？怎么做才能让我动起来呢？"让孩子们试着移动你。
2. 问儿童能否帮你停止移动。动起来，让他们帮你停下，和他们讨论在帮你停下的时候会发生什么，提问："你能感觉到滑板车在推你吗？"
3. 让儿童轮流在滑板车上推你，提问："你们多少个人才能推动我呢？"
4. 把儿童分成两组，每组儿童在滑板上轮流推，或者帮助对方停止运动。

简单操作

- 让儿童带一些能装材料的玩具，如大型玩具卡车。当卡车是空的时候，让儿童拉或推卡车，然后在卡车上放一些砖块，使其更重。让儿童描述推拉装载货物的车和空车的区别。

主题连接

移动

- "带轮子的玩具""移动机器"和"移动日"都是让孩子们探索轮子如何让我们的生活更轻松的主题。当儿童明白如何打包，把戏剧表演区从教室的一边搬到另一边时，他们就是在解决问题，这需要真正的团队合作。

增加挑战

- 带一个可以搭载很多儿童的家具推车，比较移动装载小车所需的力和使小车停止所需的力或距离。

观察和评估儿童的科学学习

- 当儿童两两在一起推同伴或使对方停下时，观察他们，让每个儿童告诉你他的角色是什么。
- 儿童能告诉你他是否能够推滑板车或让它停下来吗？
- 儿童能说出移动哪一个人更难或者什么时候要使用更大的力气吗？

科学课程

数学——儿童在活动中能够数出他们在滑板车上推老师的次数。

户外活动——在开阔的户外空间里最好使用轮式踏板车、滑板车和溜冰鞋。让孩子们在滑板车和溜冰鞋上互相推拉。如果你能找到斜面，就使用斜面。

双语学习者

示范和用语言解释启动及停止滑板车的程序。让孩子们听别人讨论他们正在采取什么行动以移动和停止滑板车。

家庭参与

邀请家长参加这项活动，通过电子邮件发送儿童在社区中看到的移动东西的工具照片。

结合科技

用数码相机拍下孩子们在学校里能找到的所有轮子。

你能跳多远？

科学过程技能

- 聚焦观察
- 长度测量

科学词汇

- 比较
- 远、更远、最远
- 力量
- 图表
- 跳
- 测量
- 运动
- 移动
- 跑
- 开始

材料

- 胶带
- 剪刀（仅供成人使用）
- 两种颜色的纱线

立定跳远需要耗费一个人的很多能量，而儿童的跳远能力有限。当儿童奔跑或增加奔跑的力量时，他可以跳得更远。让我们来探索儿童到底可以跳多远！

科学内容标准

儿童将观察改变施加的力的大小或方向如何导致运动的变化。（物理科学——物体的位置和运动）

儿童会使用非标准测量单位测量他们跳的长度。（长度测量）

怎么做

1. 在地板上放一小段胶带，和儿童谈谈关于跳跃的事情。提问："你会跳吗？展示一下！你能跳多远？让我们找一找答案。我们可以用这根毛线来测量我们的跳跃距离。"

2. 让每个儿童站在胶带标记的地方起跳。用一种颜色的纱线测量儿童跳跃的距离。剪下纱线交给每个儿童（成人步骤），重复这一步骤。

3. 重复这一步骤，这次让儿童在1.5~2米的位置起跳。

   【安全须知】儿童起跑跳远很容易摔倒，教师可以考虑放一些垫子，以防儿童摔倒。

   用第二种颜色的纱线测量孩子们的跳跃距离，然后把量好的纱线给他们。

4. 帮助儿童比较立定跳和助跑跳的距离，提问："哪一次跳得最远？你认为什么能帮你跳得更远？如果你想跳得最远，你会选择立定跳还是助跑跳呢？"

第三章 探索运动

> **儿童读物**
>
> 乔安娜·科尔（Joanna Cole）的《安娜·芭娜娜——跳绳押韵诗》（*Anna Banana: Jump Rope Rhymes*）不一定要每个读者拿着跳绳去阅读！书中包含了很多童谣！每个人都可以跟随书里的诗歌节奏跳上跳下……

> **主题连接**
>
> **我是特别的/关于我**
>
> - 举办一场"人人都会赢"的奥运会，和孩子们一起思考各种可以尝试的运动项目，如用可重复使用的材料布置一个障碍训练场。

> **双语学习者**
>
> 　　如果教师不理解儿童的母语，可以用手势解释在这个活动中应该做什么。此外，教师在做手势的同时要反复演示和口头表达。
>
> **有特殊需要的儿童**
>
> 　　对于那些不能跳的孩子，可以尝试用前后摆动双臂或侧投来进行比较。

简单操作

- 使用标准米尺来测量孩子们跳远的距离。

增加挑战

- 运动能力强的人应该能跳到与自己的身高相同的高度。让班上其他的孩子看着班级内年龄稍大的孩子做这个动作，跳跃需要身体协调能力，但是年龄小的孩子还不具备这项能力。测量孩子们的身高，然后将测量值与他们跳跃的距离进行比较。

【注意】运动员的跳跃距离指从站立时的脚后跟到跳跃后的脚后跟的距离。

观察和评估儿童的科学学习

- 倾听孩子们在比较立定跳和助跑跳的距离时的观点。
- 当被要求尽可能跳得远时，孩子们会选择立定跳还是助跑跳，他们可以解释原因吗？

科学课程

　　数学——儿童在活动中会学习使用非标准测量单位测量跳跃距离，他们也会比较立定跳和助跑跳的长度。

使用博物馆和社区资源

　　参观本地高中的田径运动会或观看运动员跳远。

　　请一名高中生或大学生志愿者向孩子们展示有趣的跳远方式。

结合科技

　　拍下每个儿童跳远的照片，并将其记录到个人日志中。

弦上的火箭

科学过程技能

- 组织和交流观察结果

科学词汇

- 空气
- 在……下面
- 距离
- 更远
- 力量
- 充气
- 运动
- 移动
- 更短

材料

- 两把椅子
- 5米长的线或鱼线
- 塑料吸管
- 大小和形状相同的气球
- 胶带

孩子们喜欢看物体移动，尤其是那些看起来自己会动的物体。这个活动将向孩子们介绍推进的概念，并向孩子们展示物体不是简单地自己移动；相反，任何运动背后都有一种力量。

科学内容标准

儿童会观察到，当力作用于一个物体时，运动就会发生，改变作用力的大小或方向会导致运动的变化。（物理科学——物体的位置和运动）

儿童会测量物体运动的距离。（非标准测量——长度测量）

活动前

剪下一段大约5厘米长的塑料吸管，把它穿在绳子上，把绳子的两端系在两把椅子的靠背上，然后把椅子拉开，拉紧绳子。

【安全须知】由于气球有引发窒息的危险，因此不要让儿童处于无人看管的状态。注意对乳胶过敏的儿童。

怎么做

1. 吹起一个气球，让孩子们伸出手，让他们感受释放气球时的空气。鼓励儿童用肺的力量向气球吹气，引导他们释放气球，让他们感觉到出来的空气有一种让气球绕着教室飞起来的力量。和孩子们讨论在气球被放飞时发生了什么。
2. 再次吹气球，用胶带把没系紧的气球绑到绳子上

儿童读物

酒井可可（Koko Sakai）的《艾米丽的气球》（*Emily's Balloon*）是一本获奖的幼儿读物，里面配有漂亮的插图。一些年龄稍大的学龄前儿童可以自己阅读这本书。

迪伊·利加德（Dee Lilligard）和卡亚·克雷尼娜（Katya Krenina）的《气球，气球，气球》（*Balloons, Balloons, Balloons*）是一个关于小镇被气球淹没的有趣的儿童故事，孩子们可以选择他们喜欢的颜色。

迈克·英克彭（Mike Inkpen）所著的《蓝气球》（*The Blue Balloon*）这本书中有很多惊喜，讲述了一个关于小男孩、小狗和气球的故事。

主题连接

吹泡泡

- 为孩子们提供吹泡泡所需的材料，吹泡泡活动给孩子们提供了另一种方式来探究空气是如何占据空间和使物体移动的。

的吸管上。和孩子们讨论如果现在放掉气球会发生什么。

3. 在孩子们预测了气球会发生什么之后放开气球，和孩子们谈论他们看到的事情。把气球放在绳子下面的地板上，根据它在绳子上移动的距离来记录气球移动了多远。

4. 给气球充一半气，重复这一过程两次。重复两次让气球充满气。同样，把每个气球放在地板上，标出它停止的地方。

5. 和孩子们谈谈他们所观察到的情况。参考地板上的气球，提问："这只气球比另一只飞得更远吗？你是怎么知道的？为什么你认为这个气球飞得最远？为什么这只气球只飞了一小段路呢？"用"力"和"运动"这两个词来解释气球沿着绳子的运动。例如，你可以说气球里的空气越多，它能提供的力就越大，从而使它沿着绳子移动得更远。

简单操作

- 把不同大小和形状的气球绑在吸管上，观察这些差异如何影响气球飞行的距离。

增加挑战

- 和孩子们坐在一起回顾刚才的过程。为孩子们设置挑战，把绳子的一端举向天花板，看看孩子们是否愿意和你一起做气球火箭，击中天花板。让他们思考需要做什么，然后完成任务。

观察和评估儿童的科学学习

- 儿童能认出哪只气球飞得最远吗？

双语学习者

儿童在学习英语的过程中，在听别人讲述自己的共同经历时，词汇量会显著增加。

- 儿童能把气球中空气的量和气球飞的距离联系起来吗？
- 儿童是否使用了"力量""运动"等词语来描述活动中发生的事情？

科学课程

数学——儿童在活动中使用非标准测量单位测量气球飞行的距离。

滚动的沙滩排球

孩子们用沙滩排球探索力对物体运动的影响。因为沙滩排球很轻,很多不同的力都可以使它移动,鼓励儿童创造性地找到使沙滩排球滚动的新方法。

科学内容标准

儿童会观察到,当力作用于一个物体时,运动就会发生,改变施加的力的大小或方向会导致运动的变化。(物理科学——物体的位置和运动)

怎么做

1. 把沙滩排球放在房间中央,向儿童解释:重力使球保持在这个位置,必须有人用力才能使球移动。
2. 让一个孩子上前,选择一种发力方式尝试移动球,试验他的想法,孩子很可能会尝试踢球或扔球。与孩子们分享你的观察:"马里奥用脚的力量移动了球。盖亚用她的腿阻止了它。还有其他移动球的方法吗?"
3. 让另一个孩子选择一种新的移动球的方式,孩子们能猜出在他们施加力时球会朝哪个方向移动吗?
4. 重复这个活动,鼓励孩子们想出新的方法来移动球,可以让孩子们尝试使用气泵、纸扇和其他任何你能想到的东西。

科学过程技能

- 聚焦观察

科学词汇

- 方位
- 力量
- 阻止

材料

- 沙滩排球
- 使沙滩排球移动的设备(如气泵、塑料球拍、纸板或不同的风扇)

儿童读物

彼得·西丝(Peter Sis)的《沙滩排球》(*Beach Ball*)讲述了一个充满想象力的小女孩和一个被风吹起的沙滩排球的故事,这本书适合年龄较大的孩子阅读,插图色彩丰富。

戴维·斯坦伯格(David Steinberg)的《沙滩排球》(*The Beach Ball*)是一本专为儿童设计的硬纸书,书里沙滩上的生物在等人们离开后举办一场舞会。

主题连接

沙滩

- 这个活动非常适合在夏季或海滩主题活动中开展。

游戏设备

- 人们用什么来玩运动游戏？想想人们用来玩游戏的各种各样的球，以及人们用来让这些球移动的方式。人们用他们的头和脚、球棒、球拍、棍棒和其他许多工具来让球移动。为了安全起见，人们使用头盔和其他防护装备。收集一些服装，包括用于盛装打扮的制服，为户外活动做好准备。

双语学习者

说出孩子们用来移动球的每一种策略或装置的名称。如果儿童指着这个设备，再说一遍设备的名称，鼓励儿童用母语和英语重复设备的名字。

简单操作

- 给儿童一个塑料球棒，用于把球从一个地方移到另一个地方，谈谈这名儿童是如何做到的。当你们在一起讨论时，鼓励孩子们使用力量和动作的相关术语。例如，你可以问他们："你用了很大的力量来移动球还是只用了一点点？"

增加挑战

- 让孩子们不用球，用弹珠练习使物体朝不同的方向移动。孩子们能否运用所学到的运动知识，让弹珠向一个特定的方向移动很长一段距离？

观察和评估儿童的科学学习

- 儿童是否选择了能够轻易移动球的材料？
- 儿童是否正确地指出了球移动的方向？

科学课程

户外活动——在有风的日子把儿童和沙滩排球带到户外，鼓励儿童在风中玩沙滩排球。和儿童讨论球是怎样在风中移动的，解释风是如何作用在球上的，就像他们的腿和手一样。

检查要点：探索运动

荡得高一点，荡得低一点

科学过程技能

- 组织和交流观察结果

科学词汇

- 重
- 轻
- 拉
- 推
- 荡

材料

- 胶带
- 带柄塑料桶
- 用细绳或轻绳悬挂的水桶
- 可以装入水桶里的不同重量的物品，如积木、玩具、海绵泡沫和鞋子

在这个活动中一个简单的钟摆为教师提供了一个机会来评估儿童对本章中三个主要科学概念中的两个概念的理解。

- 当力作用于物体时运动就出现了。
- 改变力的大小和方向会导致运动的改变。

这两个来自经典牛顿物理学的概念可以帮助孩子们理解世界是如何运作的。

科学内容标准

儿童将会观察到，当力作用于一个物体时，运动就会发生，改变作用力的大小或方向会导致运动的变化。（物理科学——物体的位置和运动）

怎么做

1. 把麻线系在桶的柄上，悬在桌子边上，这样它就可以自由地来回摆动了。将麻线固定在桌子上，可以用绳子系起来，也可以用胶带固定。
2. 把所有材料铺在孩子们面前的桌子上。
3. 选一名儿童推水桶，让水桶摆动几次，然后让儿童抓住水桶。使每个人都有机会摇摆和抓住水桶。
4. 为了进一步测试儿童，请儿童描述他们是如何让水桶摆动的。提问："如果你不推这个桶，它会摆动吗？"让每个儿童从桌上拿一个物体并将其放到桶里，接着问孩子们怎样才能让水桶动起来。如果孩子们知道他们必须推它，那么教师就可以说："对，它需要被推才能移动。"

5. 让孩子们轮流推水桶并在水桶返回时接住它。提问："推装着东西的水桶难吗？让水桶停下来更难吗？"为每个人提供推和接住水桶的机会。询问孩子们对这一经历的看法以及与他们第一次推水桶的不同之处。大声质疑："装在水桶里的这些东西似乎使我们更难摆动和抓住水桶，我想知道这是为什么。"

6. 往桶里再加一些东西，问问孩子们，把所有这些东西都加进去是否会改变推水桶的难度。让每个人都试一试，看看他们怎么想。

7. 从桶中取出所有物体，向孩子们展示轻的泡沫塑料，并把它传递给每个儿童。询问他们，当桶里装的是泡沫时会发生什么。让孩子们推装了泡沫的桶，然后让他们描述怎样推动和停止装有泡沫的桶和装满其他物体的桶。

8. 确保小组里所有儿童都有机会推装着不同物体的桶，仔细听孩子们关于什么东西更容易推，什么东西更难推的对话。让他们把物体放在桌子上，按照从最容易推到最难推的顺序排列它们。在孩子们行动时，和他们谈话并观察他们，确保评估了每个孩子的理解水平。

9. 最后询问孩子们，他们需要做什么才能让水桶从一边荡到另一边。如果孩子们很难回答，那么教师可以帮他们发现：可以从不同的角度推动水桶。

观察和评估儿童的科学学习

- 当儿童能够连贯地将桶中物体的重量与摆动桶的难度联系起来时，就表明他对力和重量有了清晰的理解。

第四章
探索变化

科学概念

本章将探讨以下科学概念：

1. 有些变化是可逆的，有些变化则不可逆；
2. 有些变化很快，有些变化很慢；
3. 有些变化是自然发生的，有些变化是人为引起的。

引　言

科学家将变化分为两个基本类别：物理变化和化学变化。物理变化是指物体外观的变化，而化学变化则是物体内部化学成分的变化。在本章的科学活动中，儿童所接触到的大部分变化属于物理变化。

我们鼓励儿童去调查所有类型的变化。儿童应该探索他们眼前的世界中正在发生变化的事情和物体。这些物体是如何变化的，新的特征是什么样的，变化需要多长时间，这些都是儿童容易观察到的变化的基本要素。

准备

将以下材料和其他有趣的物品放在探索区或教室里其他适当的地方，供儿童在自由探索时间进行探究：

- 各种积木；
- 纸卷；

- 带盖的透明塑料罐；
- 眼药水；
- 手电筒；
- 连锁方块；
- 磁铁；
- 各种种子；
- 可以改变的玩具，如穿不同衣服的娃娃、折叠打开可以显示不同角色的木偶、可以组合成不同人物的木偶、可以擦除的磁性绘图玩具等。

自由探索

让儿童组成小组，通过讨论他们熟悉的事物是如何变化的来开始自由探索。你可以与儿童分享一个或多个例子。例如，气球可以通过吹的方式进行改变；在加入食物色素后，水的颜色发生了变化。

与儿童谈论他们知道的其他变化。教师可以向孩子们提问，"有没有小朋友曾经往水里添加橘汁或其他果汁而使水发生改变呢？""有没有小朋友在洗澡水里加过泡泡呢？"

接着，讨论自然界的事物是如何带来变化的。例如："雨是如何改变人行道的？"与孩子们谈论当前的季节变化："是花在生长，还是叶子在变色？"

教室里也有儿童熟悉的另外一种变化。当儿童在玩耍时，鼓励儿童思考他们可以对物体做些什么来改变它们。例如，提问："你可以如何改变一张纸？你可以如何改变一块花生酱三明治？你可以如何改变你的身体动作？"当儿童分享想法时，把他们的想法记录在探索变化发现表中。

让儿童有充分的机会在课堂上探索新材料。虽然儿童在第一次探索这些材料时可能需要一些指导或建议，但是教师要尽可能地让他们自由探索，而不是过度指导他们的探索，这一点很重要。

蜡笔松饼

科学过程技能

- 聚焦观察

科学词汇

- 之后
- 之前
- 改变
- 颜色词
- 融化
- 混合
- 形状

材料

- 去掉纸的蜡笔（使用旧的破损的蜡笔的好方法）
- 电煎锅、烤面包机或烤箱
- 松饼盘
- 纸

幼儿最容易观察到物体发生的物理变化。例如，当蜡笔融化时，它们只是改变了形状，其他性质保持不变。我们可以将蜡笔融化成新的形状但是其功能没变（如在纸上制作彩色的标记）。此外，仅仅打碎和融化蜡笔就很有趣。

科学内容标准

儿童将观察物体在受热时的变化。（物理科学——物体和材料的特性）

怎么做

1. 让孩子们把蜡笔分成小块，然后放进松饼盘里。可以考虑让孩子们按照颜色对蜡笔块进行分类或者将不同颜色的蜡笔混合来制作彩虹蜡笔松饼。

2. 和孩子们谈论热能是如何改变事物的。例如，你可能会和孩子们谈论面包是如何通过受热变成吐司的。你可以说："通常，我们加热的时间越长，事物变化得越大。你能想到其他受热而发生变化的东西吗？"

3. 告诉孩子们你要用加热的方式来改变蜡笔。将装有蜡笔的松饼盘放入装有水的电锅（水的高度约2厘米）中或烤箱中，并将电锅的热度调至180℃或中火（成人操作）。

【安全须知】不要将蜡笔直接放在烤箱或电煎锅中，确保孩子们不直接接触加热的物品。

4. 当蜡笔融化完后，取出松饼盘并放在一边冷却。

> **儿童读物**
>
> 《从蜡到蜡笔》(From Wax to Crayon)由迈克尔·H.福曼(Michael H. Forman)所著,这是一本讲述制作蜡笔的过程的书。
>
> 《艺术课》(The Art Lesson)由汤米·德葆拉(Tomie dePaola)所著,这本书中的图画引人注目且色彩丰富。汤米非常珍视一个装有64色铅笔的盒子,因为它的颜色就像金银铜的颜色一样美丽。

> **主题连接**
>
> **颜色和形状**
> - 用重型铝箔制作各种蜡笔模具。
>
> **建筑**
> - 在建筑主题中加入蜡笔松饼的活动。这是一个可以证明儿童能够做好事情的例子。

与孩子们讨论蜡笔在加热的过程中的气味有何变化。

5. 把蜡笔从松饼盘里拿出来,给孩子们看新的蜡笔。问:"我们刚才是如何改变蜡笔的?新的蜡笔和其他蜡笔一样吗?"

6. 当蜡笔冷却后,让孩子们用新的蜡笔画画。和孩子们谈谈这些蜡笔和他们平时用的蜡笔有什么不同。让孩子们向你展示他们如何用这些蜡笔画画并做出不同的标记。

简单操作

- 做一个简单的实验来比较加热的蜡笔和未加热的蜡笔之间的区别。熔化一些单色蜡笔(实验组)。将一些颜色相同的未加热的蜡笔(对照组)放在一边,与加热后变化的蜡笔进行比较。这两组蜡笔有什么相同点?又有什么不同点?

增加挑战

- 用另一种方式改变蜡笔。将破损蜡笔放在一个结实的塑料袋或纸袋中。让孩子们用锤子打它,把蜡笔敲碎。将刚才制成的蜡笔粉撒在蜡纸上,在另一张蜡纸上铺上蜡笔粉,然后用温热的熨斗(成人操作)按压蜡纸,使两张蜡纸互相粘在一起,做成一幅半透明的画,可以将其挂在窗户上。

观察和评估儿童的科学学习

- 看着蜡笔被加热,儿童能描述一下旧蜡笔的变化吗?
- 在使用新蜡笔时,儿童能否描述它和旧蜡笔的

双语学习者

当儿童将蜡笔放入松饼盘中时,教师用英语反复说出蜡笔的颜色,以支持儿童的语言发展。

一些差异?
- 儿童可以描述一下热量如何影响蜡笔的变化吗?

科学课程

语言与读写——和孩子们谈谈这些蜡笔过去的样子和现在的样子。这是一个使用词语"之前"和"之后"的好机会。

数学——在这项活动中,孩子们按照颜色将蜡笔分类。

第四章 探索变化

凹凸不平的黏土

科学过程技能

- 聚焦观察
- 组织和交流观察结果

科学词汇

- 改变
- 半杯
- 成分
- 测量纸杯
- 混合
- 混合物
- 有关质地的描述性词语

材料

- 一大张新闻纸和记号笔（用于发现表）
- 黏土
- 汤匙
- 质地不平的材料（如沙、砾石等）

儿童平时没有太多机会自己动手做混合物。儿童通过观察当他们添加混合材料来制作黏土时会发生什么，尝试制作一些有趣的东西。

科学内容标准

当添加材料时，儿童将交流对物体物理性质变化的观察结果。（科学探究）

儿童将描述一些变化是如何自然发生的，而另一些变化是如何由人为引起的。（物理科学——物质的特性）

活动前

使用以下配方制作黏土。

原料

- 250克（一杯）面粉
- 125克（半杯）盐
- 30毫升植物油
- 少量水，最多添加至125毫升（半杯）

操作指南

- 不需要烹饪。
- 把面粉和盐混合，把油倒进混合物里。
- 一次加一点水，直到黏土具有一定的稠度。
- 将黏土储存在塑料袋或密封的容器中。

> **儿童读物**
>
> 卡伦·瓦格纳（Karen Wagner）的《巧克力饼干》（Chocolate Chip Cookies）是一本关于美味的书，可以指导孩子们一步一步地制作饼干。它是一本非常棒的书！
>
> 《托尼的面包》（Tony's Bread）由汤米·德葆拉（Tomie dePaola）所著，讲述了一名面包师制作具有各种味道的特殊面包的故事。

> **主题连接**
>
> **做手工**
>
> - 这是一个很好的主题内活动，重点是建造和制作。孩子们能用他们的魔法泥做些什么呢？
>
> **感官**
>
> - 将黏土与五感探索相联系。通过添加气味、颜色和纹理来改变黏土的外观、气味和感觉。孩子们的黏土会发出声音吗？

怎么做

1. 给每个儿童半杯黏土。和儿童谈论黏土的感觉。让儿童取一匙一种或多种物质，将其与黏土进行混合。
2. 问："你的黏土现在是什么样的？它是凹凸不平的、松脆的还是沙沙的？你能用几句话来描述一下现在的感觉吗？闭上眼睛聊聊你的感觉。"你可能需要继续为儿童的体验提供相关词语的支持，因为这个年龄段的孩子们才刚开始使用描述性词语。
3. 让孩子们和朋友交换黏土。问："你朋友的黏土和你的黏土摸起来感觉一样吗？有哪些不同？"
4. 在发现表上写下孩子们使用的词语。如果孩子们使用了你提供的许多描述性词语，这是可以的。当列表完成后，把它读给孩子们听。他们能想出更多的词语吗？

简单操作

- 鼓励孩子们用黏土制作简单的样式。

增加挑战

- 给孩子们带一些从市场上买来的黏土产品，让他们寻找方法将它们与自己制作的黏土进行比较。

观察和评估儿童的科学学习

- 儿童可以描述黏土改变的原因吗？
- 儿童可以使用描述性词语描述发生的变化吗？

> **有特殊需要的儿童**
>
> 有感觉统合问题的儿童在接触和操作黏土时可能会感到不舒服。这些儿童可以充当助手,比如,使用勺子将各种材料加到混合物中。
>
> 向黏土中添加材料,用手指搅拌材料,可以帮助发育迟缓的儿童提高其精细运动技能。

科学课程

语言与读写——在这个活动中,孩子们在描述黏土时使用了大量的描述性语言。教师要为孩子们提供额外的词语并鼓励他们想出自己的词语。

户外活动——让孩子们在大自然中收集物体,将其添加到他们的黏土中以改变其质地。教孩子们如何用黏土做黏土馅饼。

语言与读写——在发现表中,列举孩子们在制作和讨论黏土过程中所用到的词语。

使用博物馆和社区资源

参观学校的自助餐厅,这样孩子们就可以看到厨师们在做菜时把配料混合在一起的做法。

行动中的变化

科学过程技能

- 聚焦观察
- 非标准测量（时间）

科学词汇

- 更大
- 建造
- 改变
- 对比
- 建构
- 更高

材料

- 数码相机与打印机、一些不同的积木

积木结构的变化与建筑物被建造时的变化方式是一样的。以拍照的形式让孩子们观看建筑物建造的不同阶段并进行比较。虽然建造是一个缓慢且需要认真观察的变化过程，但拆除建筑物是一次完全不同的经历。

科学内容标准

儿童将观察时间变化下物体的变化。（科学探究；非标准测量——时间）

怎么做

1. 召集几个孩子，与他们一起谈论建造大型建筑物。告诉孩子们，当他们建造建筑物时，你将先拍一张空建筑工地和建筑材料（如砖块）的照片。

2. 一旦孩子们开始建造，你可以要求他们间隔一段时间就停下来，这样你就可以拍摄各个建造阶段的照片。与孩子们讨论每个施工阶段，比较新阶段与前几个阶段之间的区别。如果时间允许且孩子们有耐心，那么教师可以分别安排建造的时间、拍摄照片的时间以及集中讨论变化的时间。

3. 打印整个施工过程的图片（黑白即可）。让孩子们一起把照片按时间顺序放好。他们能描述照片之间的变化吗？用孩子们的话为照片添加标题，创建一本记录孩子们进步的书。

4. 最后一个重大变化是拆除积木。让孩子们思考拆除积木的不同方法。

第四章 探索变化 | 107

儿童读物

杰里·帕洛塔（Jerry Pallotta）和罗布·博尔斯特（Rob Bolster）的《建筑字母表》(The Construction Alphabet Book)一书中从空中升降机开始，包括复杂的插图和孩子们与教师想知道的关于建筑的所有内容！

在帕特·哈钦斯（Pat Hutchins）的图画书《变，变》(Changes, Changes)中，小木头人生活在一个封闭的世界里，当他们的房子着火时，他们会建造一辆消防车；当水太多时，他们就建造一艘船；等等。这是一本关于积木建构活动的书，孩子们可以自己阅读。

主题连接

积木与建筑

- 在建构活动中增加一些"重型设备"交通工具，并将此活动纳入建筑主题。添加棍棒、竹子和芦苇垫、岩石和其他材料，来增加施工挑战。

简单操作

- 孩子们并不需要搭建多么复杂的结构，可以只用方块积木来建造高大的建筑。在积木倒塌之前，可以堆放的积木的最大数量是多少？试着用摄像机捕捉积木倒塌的瞬间。这些积木结构是以相同的方式变化（倒塌）还是以不同的方式变化？

增加挑战

- 带孩子们去各个楼房建筑工地看看楼房的建造过程。如果没有现成的楼房可供观察，那么教师可以考虑拍摄或查找建筑物照片，并将它们展示给孩子们。许多场地可以展示建筑物的不同施工阶段，如打造地基、浇筑地下室、建造墙壁以及搭建屋顶和刷油漆。向孩子们展示这些图片，要求他们把照片排序，以制作一本展示施工进度的图书。

观察和评估儿童的科学学习

- 当你和儿童分享建筑期间和之后的建筑工地的照片时，儿童是否发现了建筑改变的方式？
- 儿童可以描述变化是如何发生的吗？
- 儿童能按照建筑的施工阶段排列照片来表现出时间意识吗？

科学课程

语言与读写——在这个活动中，孩子们用描述性词语来描述他们对建筑结构所做的改变。

让孩子们尝试为《三只小猪》(Three Little

> **有特殊需要的儿童**
>
> 建构活动可以帮助在视觉、知觉与运动技能方面有发展障碍的儿童成长。

Pigs）或《野生动物》（Animals in the Wild）等故事中的角色搭建家园。孩子们能给熊造个洞穴吗？

数学——孩子们通过比较照片观察一段时间内建筑结构的变化。

户外活动——让孩子们利用他们曾参观过的建筑工地所送的废木料在户外建造建筑物。原木和石头可为室外建筑增添趣味。

泡 泡 罐

科学过程技能

- 聚焦观察
- 非标准测量（线性测量）

科学词汇

- 像
- 泡泡
- 关于泡泡的描述性词语
- 不同
- 重复
- 圆形

材料

- 香皂
- 各种尺寸和形状的、带盖的塑料罐和瓶子
- 茶匙
- 水

泡泡罐是一种可帮助儿童了解"有些变化是可以重复的"这一现象的方式。收集一些带盖子的瓶子和罐子，将其制作成泡泡罐供孩子们重复使用。几小时后，泡沫又将会慢慢下降，孩子们可以继续操作使用。

科学内容标准

儿童将观察混合物属性的变化；将比较不同罐子中泡泡的大小。（物理科学——物质的特性；非标准测量——线性测量）

怎么做

1. 向孩子们展示如何制作泡泡罐。在其中一个罐子里放一茶匙洗洁精，倒入一半的水，然后盖上盖子。

2. 说："看看这个罐子里的水和肥皂，你看到了什么？"孩子们可以看到肥皂和水。

3. 问："我怎样才能把肥皂和水变成泡泡？"摇动罐子，让孩子们描述他们看到了什么。

4. 让孩子们用各种各样的容器制作自己的泡泡罐。鼓励孩子们谈论当他们摇动罐子时液体发生的变化。问："你还在哪里见过泡沫？"

5. 与孩子们比较泡泡的大小。问："罐子里的泡泡都一样吗？大罐子里的泡泡看起来和小罐子里的泡泡一样吗？"

6. 将罐子放在一边停留一会儿。让孩子们定时观察罐子，并对他们观察到的变化进行讨论。当泡泡稳定后，问："你能让泡泡恢复原状吗？"

简单操作

- 往泡泡溶液中加入颜料，将泡泡棒浸入溶液中，吹泡泡，然后放在纸上，制作泡泡画。

增加挑战

- 在实验区域里放置可溶性物质，如糖、盐和小苏打，以便孩子们将这些材料添加到泡沫溶液中。注意在添加这些物质时气泡的变化。

观察和评估儿童的科学学习

- 儿童可以描述当他摇动罐子时液体的变化吗？
- 儿童能描述出泡泡大小的不同吗？

科学课程

语言与读写——在这个活动中，儿童描述当他们晃动瓶子时液体的变化。

数学——儿童可以比较泡泡的大小，比较将每个罐子装满气泡所需的摇动次数。

户外活动——制作泡泡溶液，让孩子们在户外吹泡泡。孩子们可以制作自己的泡泡工具（例如，扭扭棒、吸管和去掉底部的纸杯），并且需要细心发现哪些是大泡泡，哪些是小泡泡。有人能想出办法来制造一个不圆的泡泡吗？

家庭参与

请家长收集各种带盖的透明塑料罐来进行此项活动。

鼓励家长与幼儿一起制作一系列吹泡泡的工

儿童读物

在金伯利·布鲁贝克·布拉德利（Kimberly Brubaker Bradley）和玛格丽特·米勒（Margaret Miller）合著的一本书《啪！关于泡泡的书》（*POP! A Book About Bubbles*）中，每个人都喜欢泡泡，该书还为气泡的性质提供了科学的解释。

主题连接

季节 / 夏日乐趣

- 把水盆放在外面并装满肥皂水，以便儿童在户外玩耍。
- 当温度低于冰点时，如果在室外吹泡泡，泡泡会因为里面的热空气而立即向上漂浮。当触摸它们时，它们会冻结和破碎。

> **双语学习者**
>
> 为了帮助儿童理解程序和概念，请说清每个步骤并反复演示。

具，孩子们可以在家里使用。浆果篮、扭扭棒、吸管和去掉底部的纸杯都能很好地达到效果。与儿童一起讨论哪些工具能够产生大气泡，哪些工具能够产生小气泡。

将一对物体放入水中

科学过程技能

- 观察分类

科学词汇

- 像
- 对比
- 不同
- 群体
- 相同
- 湿

材料

- 干净的纸杯
- 一对物体，比如海绵、石头、贝壳、不同的纸、方糖、棉球、硬币、磁铁、粉笔、泥土、沙子和布
- 水

儿童读物

在阿诺德·洛贝尔（Arnold Lobel）所著的《老鼠的故事》（*Mouse Tales*）一书中，"洗澡"是一个有趣的故事。它讲述了一只老鼠不停地洗澡的故事。洗澡水从他的窗户流到街上，他的邻居恳求他把水关掉。老鼠洗完澡终于干净了，大家都松了一口气！

水是制造变化的绝佳媒介。这个活动要求儿童在水中放置一对相同材料，去发现物体在水中是如何变化的。有的物体与水相接触产生的变化可能会相当明显，如皱纹纸；有的物体与水相接触后变化很小，如硬币；还有的物体与水相接触，要过很长时间才会有变化，如硬纸板。

科学内容标准

儿童观察物体物理性质的变化；儿童会观察到有些变化是可逆的，而有些变化是永久的。（科学探究；物理科学——物体和材料的特性）

怎么做

1. 向孩子们展示两个相似的物体。这些物体应是放在水中时会发生变化的东西，如纸巾或皱纹纸。让孩子们描述两个物体的相似点。

2. 向孩子们展示将两个物体中的一个放在一杯水中，以测试水的作用。其中干的物体用来供孩子们做比较。

3. 举起浸水沾湿的物体。讨论变化。问："变化大还是变化不大？"把这对物体放在桌子上。

4. 现在选择一对遇水变化不大的物体，如硬币。将物体放入水中，与儿童一起观察变化（如果有）。

5. 比较这两个变化。把两对物体放在桌子上：一对是受水显著影响的物体，另一对是受水的影响很小或不受影响的物体。

> **儿童读物**
>
> 弗兰克·阿施（Frank Asch）的《水》（Water）是一本关于宝贵的自然资源并附有精美插图的书。

> **主题连接**
>
> **关于我**
>
> - 在这项活动中，让孩子们观察他们长时间泡在水里的手指和脚趾会发生什么变化。
>
> **沙和水**
>
> - 和孩子们谈论水是如何影响沙子和泥土的。

> **双语学习者**
>
> 示范并鼓励所有儿童使用描述性词语、手势和非言语语言。
>
> **有特殊需要的儿童**
>
> 有视觉障碍的儿童可能无法看到物体的变化。教师可强调使用触觉来帮助这些儿童评估水引起的物体变化。
>
> 对于有感觉统合问题的儿童，可以在安静的地方进行活动，儿童可以与成人互动或自己尝试体验活动。

6. 让孩子们用他们自己配对的物体做实验，将其中一个物体放在水中，把另一个物体放在水外。
7. 在探索后，让孩子们与其他小组分享自己的观察结果，并将他们的成对物体放在"易被水改变"组或"不易被水改变"组中。
8. 问："还有没有别的物体可以放在这一组里？"和孩子们一起数一数每组有多少对物体。

简单操作

- 使物体变干燥，确定物体在水中发生的变化是永久性的还是可逆的。

增加挑战

- 让孩子们带上一组自己的物体，预测水将如何影响每一组物体。

观察和评估儿童的科学学习

- 儿童能否描述出物体在水中所发生的变化？
- 儿童能将物体放入正确的组中，从而对物体进行分类吗？

科学课程

数学——在这项活动中，孩子们会收到配对的物体，根据测试将物体分为两组，然后计算每组物体的数量。

结合科技

可以让孩子们用计时器确定物体放入水中所需的时间。

快速检查：探索变化

彩 虹 水

探索变化

这个活动为你提供了一种快速的方法来评估孩子们在混合有色水时对变化的理解和观察发生的变化。这可能是一项脏乱的活动，所以教师需要提前准备好海绵或纸巾。

科学内容标准

儿童将观察材料性质的快速变化，并了解人们是如何引起变化的。（物理科学——物体和材料的特性）

活动前

将容器装满水，在每杯水中加入一种食用色素。请家长保存可重复使用的滴管，让儿童带来参加活动。

怎么做

1. 要在溢出的水不会成为问题的区域里进行此活动。将红色、蓝色和黄色的容器放在儿童旁边。给孩子们几个空的塑料容器或鸡蛋盒，以便将食用色素混合到水中，同时给他们一些滴管或勺子，以便转移和搅拌液体。准备足够的用于清洁的吸水纸巾或海绵。

2. 让孩子们把有颜色的水混合起来以创造新的颜色。开始时，只混合两种颜色，以防止所有的混合物变成浑浊的棕色。最后，让孩子们随心所欲地混

科学过程技能
- 聚焦观察

科学词汇
- 改变
- 颜色词
- 快速
- 混合
- 减慢

材料
- 食用色素（红色、蓝色和黄色）
- 用于混合颜色的滴管、移液管或调色勺
- 几个盛放有色水的容器
- 用于混色的小塑料杯或白色泡沫蛋盒
- 海绵或纸巾
- 水

第四章 探索变化 | 115

合各种颜色。问:"你能在你的杯子里数出多少种颜色的水?一开始水的颜色有哪些?"

3. 与孩子们讨论颜色变化的速度。问:"颜色变化得快还是慢?"

4. 和孩子们谈谈他们以前的调色经历。讨论混合了颜料的水和有色水的区别,以及不同变化发生的速度。

近距离观察

展示——拿一个空的塑料容器,往里面加一些黄色的水。问儿童如何把黄水变成绿水。虽然儿童可能知道在黄色中加入蓝色,颜色会变成绿色,但最重要的是,儿童知道当他将一种颜色与另一种颜色混合时会发生变化。

描述——听儿童谈论色彩混合。他们说的话是否表明他们意识到了可以通过将两种颜色混合来创造一种新的颜色?

绘画——与儿童谈论颜色混合后发生的变化,帮助其思考自己做了什么。像刚开始一样倒三杯水。问:"你能画出你所看到的东西吗?"儿童可能只画出了三个彩色斑点,或者可能准确地画出了其所看到的东西。让儿童根据他们制作的颜色,试着画出他所看到的颜色。该活动为儿童提供了许多方法来表现他们对通过混合颜色来创造其他颜色的理解。

书写——鼓励儿童用文字表达自己所画的画。同时教师可以适当记录儿童的想法和观察结果。

观察和评估儿童的科学学习

- 儿童明白他可以通过混合颜色来创造新的颜色吗?
- 儿童能说出三原色混合而成的颜色吗?

生　锈

科学过程技能

- 观察分类
- 非标准测量（时间）

科学词汇

- 铁
- 金属
- 生锈物体和不生锈物体的名称
- 生锈

材料

- 洗碗盆或其他容器
- 会生锈的物体（如钉子、垫圈和弹簧）
- 不会生锈的物体（如塑料按钮和塑料回形针）
- 盐
- 白色纸巾

很多物体会生锈，通常是人类制造的物体。某些物体在氧气的作用下会生锈，弄湿铁表面并加盐会加速铁的生锈过程。通过这项活动，孩子们会发现一些物体——那些不是铁做的东西——不会生锈。孩子们会把物体分为两组：生锈组和不生锈组。

科学内容标准

儿童将根据物体物理性质的变化进行分类。（科学探究；自然科学——物体和材料的特性）

怎么做

1. 在洗碗盆中放几层纸巾。让孩子们把各种各样的东西分散放在纸巾上。
2. 加入足够的水使纸巾浸透。在物体上撒盐以加速生锈过程。在接下来的几天里保持纸巾湿润。
3. 当锈迹出现时，让孩子们描述他们看到的情况。他们注意到出现了什么颜色？锈总是同一种颜色吗？让孩子们注意一些物体周围的锈迹。他们是否在其他物体上也看到过这种变化？
4. 让孩子们根据生锈和不生锈来划分物体。
5. 制作一张简单的表格，一列是生锈物体的名称，另一列是不生锈物体的名称。

简单操作

■ 带孩子们出去走走。孩子们能找到多少生锈的东西？列出孩子们找到的所有生锈的物体。

第四章　探索变化　｜　117

> **儿童读物**
>
> 在杰伊·考利（Jay Cowley）创作的《锈迹斑斑，可靠的拖拉机》（The Rusty, Trusty Tractor）一书中，迈卡想知道为什么他的爷爷仍然保留着他的旧拖拉机，但他很快就明白了——拖拉机即使老旧，并且锈迹斑斑，也是一位可靠的老朋友。

> **双语学习者**
>
> 对孩子们玩耍的物品进行命名。反复描述孩子们所观察到的生锈物体的变化，描述生锈物体和不生锈物体之间的区别。

增加挑战

- 用磁铁测试所有东西，儿童会发现生锈的东西也会被磁铁吸引。这是因为生锈的物体通常由铁制成，铁也会被磁铁吸引。

观察和评估儿童的科学学习

- 儿童知道有些东西生锈而有些东西不生锈吗？
- 儿童能根据物体是否生锈而将物体分成两组吗？
- 儿童是否认识到生锈是一个需要时间的过程？

科学课程

数学——在这个活动中，孩子们计算生锈的物体的数量，将物体分为两类。

户外活动——在校园里找一块生锈的铁，邀请孩子们用钢丝刷或砂纸清理生锈的物体。提醒孩子们要不时地看一看这个物体，看看锈迹是否会再次出现，以及发生这种情况需要的时间。

家庭参与

让家长们带着孩子在家里寻找锈迹。可以整理一份他们发现的锈迹斑斑的物体清单，或者拍一些照片，然后让孩子们把它们带到学校与全班同学分享。孩子们和他们的家人能找到多少生锈的东西？

将水与物体混合

科学过程技能

- 聚焦观察

科学词汇

- 溶解
- 混合
- 混合物
- 盐

材料

- 干净的纸杯或者小的塑料罐
- 贴好标签的盐
- 贴好标签的糖
- 贴好标签的沙子
- 汤匙
- 水

大多数儿童喜欢把盐、糖和沙子等材料混合在水里。这个过程产生了一致的结果：盐和糖总是溶解，沙子从来不会溶解。孩子们一次又一次地重复这个活动，而实验结果总是一样的。（提示：在活动开始前，确保孩子们有盛满水的容器和用来舀材料的小勺子。）

科学内容标准

儿童将观察物质在水中溶解时发生的变化；儿童会注意到有些物质不溶于水。（科学探究；物理科学——物质的特性）

怎么做

1. 和儿童一起动手操作。给每个儿童两杯水和一把勺子。告诉儿童在一个杯子里放一勺盐，在另一个杯子里放一勺沙子。问："你看到了什么？"

2. 让孩子们搅拌每个杯子里的水。问："你看到了什么变化？"

3. 与孩子们谈论发生的变化。发现：盐溶于水，沙子不溶于水。

4. 让孩子们在另一个杯子中加糖来重复溶解活动。让孩子们将水中的糖与水中的盐和沙子进行比较。

5. 提供温水和冷水，让孩子们在每个杯子里混合相同的三种物质。让孩子们描述水温是如何影响材料在水中的溶解状态的。可以进一步讨论物质在温水和冷水中的溶解速度。

> **儿童读物**
>
> 斯图尔特·J.墨菲（Stuart J. Murphy）和朱莉娅·戈顿（Julia Gorton）的《超级星期六沙滩城堡》（Super Sand Castle Saturday）一书中，儿童在海滩上争先恐后地建造沙堡以进行沙堡比赛，他们必须在涨潮之前建造好沙堡。

> **主题连接**
>
> **沙和水**
>
> - 这个活动适合任何涉及水的主题。如果儿童想进一步探索溶解现象，那么教师可以帮助儿童用混合饮料或柠檬和糖自制夏季饮料。

简单操作

- 每次放置一种物质，并对每种物质重复该步骤数次。用图表来记录可溶于水的物质和不溶于水的物质。

增加挑战

- 给每个儿童一把勺子和一张黑纸。向孩子们展示如何从每种溶液中舀出少量的溶液并将其分别滴到纸的不同位置。和孩子们谈谈水蒸发后看到了什么。讨论糖和盐留下的白色粉末斑点与小片沙子看起来有什么不同。然后让孩子们在每个地方滴几滴清水。让孩子们描述发生了什么。盐和糖再次溶解，但沙子不会溶解。

观察和评估儿童的科学学习

- 儿童能分别描述一下盐、糖和沙子在温水和冷水中的溶解情况吗？

科学课程

语言与读写——在这个活动中，孩子们描述他们所看到的事情。这项活动还向孩子们介绍了科学术语"溶解"。

户外活动——到外面去，鼓励孩子们收集一些沙子或泥土。为每个儿童提供装满水的塑料罐，用来溶解他们从外面带来的沙子或泥土。这些材料的性能是否与孩子们之前混合在水里的材料不同？

闪 光 冰

科学过程技能

- 聚焦观察

科学词汇

- 寒冷
- 凉爽
- 结冰
- 制冰器
- 冰块
- 融化
- 温度
- 温暖

材料

- 2~3 杯的水
- 有颜色的食物
- 制冰器
- 闪光片或亮片
- 冰块盘
- 用于投掷的工具
- 盆栽植物

儿童读物

凯瑟琳·霍拉伯德（Katharine Holabird）和海伦·克雷格（Helen Craig）在《安吉丽娜溜冰鞋》（*Angelina Ice Skates*）一书中讲述了一只想在冰上跳舞的小老鼠的故事。孩子们会发现为什么在冰上跳舞是件很棘手的事情。

孩子们可能曾经了解过水结冰和冰块的形成过程。这项活动是对这种过程的简单回顾，但这次孩子们应该关注正在发生的变化。由于温度低，水变成了冰。当温度升高时，冰可以变回水。少量的闪光片就足以使孩子们发现这种变化。

科学内容标准

儿童将观察物体在冰冻环境中的变化；观察一些变化是如何体现可逆的特点的。（物理科学——物体和材料的特性）

怎么做

1. 和孩子们谈谈他们对冰的了解。鼓励他们分享课堂之外的经验。有的孩子也许知道冰柱，有的孩子可能会滑冰，还有一些孩子可能会谈论到雪球。

2. 将水罐装满水。让孩子们摸摸水，谈论水的温度，告诉孩子们：你要用这些水制冰。谈谈你需要做些什么来制冰。这个年龄段的大多数孩子会说，可以把水放进冰箱里制冰。

3. 告诉孩子们，你要用这块冰做一些特别的事情，这样当它融化时，就很容易找到冰曾经在哪里。准备几个冰块托盘。提供一些食用色素、闪光片和亮片，邀请孩子们将这些材料放入盛有水的托盘中。

4. 将托盘放入冰箱的冷冻柜中。说，"明天我们会看看托盘，看看冰是否已经形成了。"让孩子们观察冰箱的温度。

5. 第二天，把托盘从冰箱里拿出来给孩子们看。鼓

> **儿童读物**
>
> 贝特拉姆·T.奈特（Bertram T. Knight）在《从牛奶到冰激凌》（From Cow to Ice Cream）一书中讲述了另一个从液体到固体的故事，其中包括有趣的照片和美味的冰激凌。

> **主题连接**
>
> **季节/天气**
>
> - 教师可以分别在夏天和冬天将闪光冰带到户外，让孩子们观察不同的季节和天气对冰的影响。
>
> **点心和烹饪**
>
> - 制作冷冻食品是夏季或烹饪主题的一部分。带一个冰激凌冰柜来，帮孩子们做冰激凌。让孩子们品尝制作的冷冻果汁、酸奶或布丁。冷冻香蕉和葡萄也很美味。

> **双语学习者**
>
> 让此项活动成为一个合作项目，让正在学习英语的儿童与英语很流利的儿童组成小组。鼓励每个儿童帮助对方描述看到的东西。

励孩子们谈论水的变化。指出水的变化是因为冰箱里很冷。问孩子们从冰箱里拿出来的水和他们昨天接触过的水有什么不同。

6. 告诉孩子们他们要让冰变回水。"我们将会寻找冰块的踪迹。当冰块消失时，闪光片、亮片和一些剩余的水将告诉我们冰块曾经在哪里。"

7. 和孩子们一起，在室内外四处走走，找地方放冰块，使冰块融化。提醒孩子们冰会变成水，所以他们需要找到冰可以融化而不会伤害任何东西的地方。建议将一个冰块放在每个人都能看到的杯子里，并将其他冰块放在房间内的盆栽中；还可以把一块冰放在水槽边上，把另一块冰放在空的杯子里。在外面找更多的地方来放置冰块。问："可以把冰块放在长凳的一头吗？放在人行道上怎么样？"

8. 让孩子们定期观察冰块。有闪光片或带颜色的水的地方可以表明其是冰变回水的地方。

简单操作

- 把水果片放在冰箱的冷冻室里，鼓励孩子们观察水果片的变化。将冷冻水果与冷冻水进行比较。

增加挑战

- 把水、饮料混合物、橙汁、牛奶分别放进冰盘的不同格子里。比较不同液体的冷冻结果。

观察和评估儿童的科学学习

- 儿童能描述他观察到的水的不同状态吗？
- 儿童能解释水在低温时形成冰，冰融化后又变回水的现象吗？

发芽了！

种子发芽了。它们从看似无生命的物体变成有生命的、不断生长着的植物。同一种种子的芽看起来是一样的，但有些芽即便来自不同的种子，看起来也很相似。对许多植物来说，从种子到发芽的过程是缓慢的，但有些植物会在一夜之间发芽。

科学内容标准

儿童将观察生长中的种子的变化；儿童会注意到一些种子的变化发生得很快，而另一些种子的变化发生得很慢。（科学探究；生命科学——生物的特性）

怎么做

1. 让孩子们在容器底部铺3~4层纸巾。向孩子们展示如何使用一个小水罐将足够的水倒入容器中，浸透纸巾，但是不留积水。
2. 让孩子们在纸巾上撒上各种种子。与孩子们谈论不同的种子。
3. 在接下来的几天里，保持纸巾湿润。让孩子们定期观察种子，并描述他们观察到的任何变化。
4. 与孩子们谈论在种子开始发芽时他们看到的变化。让孩子们描述他们看到的不同芽的差异。一些芽，如洋扁豆芽和萝卜芽，最初会产生两片叶子，而玉米和草籽会产生一片叶子。问："浇水是如何改变种子的？"
5. 当芽长得足够大时，把孩子们带到外面一个地方，帮助他们把芽移入土壤或装满土壤的盆中。

科学过程技能

- 聚焦观察

科学词汇

- 植物
- 种子
- 种子名称
- 发芽

材料

- 各种种子（如萝卜、草、洋扁豆、玉米和豌豆等的种子）
- 洗碗盆、鱼缸和水缸
- 纸巾
- 小水罐
- 水

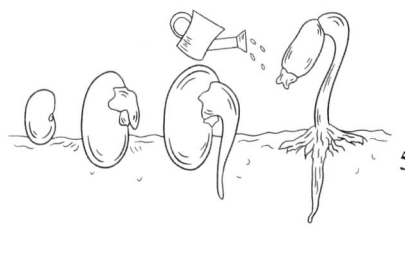

第四章　探索变化 | 123

向孩子们解释芽需要来自土壤的养分才能继续生长。

简单操作

- 给孩子们更多的种子,让他们根据种子的相似点和差异点来进行分类。

增加挑战

- 让孩子们在他们的发现日记中画出各种种子的样子,接着画出不同发育阶段的芽的样子。

观察和评估儿童的科学学习

- 儿童能否用文字或图片来描述种子与芽在发芽和生长过程中各个阶段的样子?

科学课程

户外活动——收集一些蒲公英种子或其他你找到的种子,把它们放在一个可密封的袋子里,让孩子们观察种子发芽和生长的过程。

使用博物馆和社区资源

安排孩子们参观温室或附近的花园,这样孩子们就可以观看或帮助园丁播种。偶尔可带孩子们回到这些地方,让他们观察植物的生长情况。

儿童读物

戴安娜·赫茨·阿斯顿(Dianna Hutts Aston)和西尔维娅·朗(Sylvia Long)所著的《睡着的种子》(*A Seed Is Sleepy*),插图精美,使种子和种子研究成为一个迷人的话题。

亨利·科尔(Henry Cole)的《杰克的花园》(*Jack's Garden*)是一本根据老电影改编而成的书,孩子们和教师都会喜欢其中诗歌的体裁。

主题连接

季节

- 这项活动与季节、农场和环境等主题紧密相联。生菜种子发芽快,你可以将其种在一个大的洗碗盆或植物托盘中。再过几个星期,你将有足够的生菜让大家品尝到沙拉了。

双语学习者

演示并反复说出活动中的步骤,以确保儿童理解过程和概念。

不断生长

孩子们在这项活动中观察到的第一个变化是种子如何发芽并长成草。孩子们观察到的第二个变化是他们自己动手制造的——割草。接下来会发生什么呢?

科学过程技能

- 聚焦观察
- 线性测量

科学词汇

- 草
- 生长
- 草坪
- 测量
- 植物
- 盆栽土
- 发芽

材料

- 儿童剪刀
- 草籽
- 连锁方块或其他可供测量的工具（可选择）
- 盆栽土
- 小纸杯和小勺子（每个孩子各一个）

科学内容标准

儿童将观察生长中的草籽的变化。（科学探究；生命科学——生物的特性）

怎么做

1. 问："你知道草是什么样子的吗？你在哪里见过它？"孩子们可能会说"在院子里""在公园里"或"在地上"。让孩子们描述他们所看到的人们在家里或公园里照料草坪的过程。然后给孩子们看草籽。说明种子会长成草。说："为了草籽生长，我们需要将其放入土壤中种植并浇水。"

2. 让孩子们准备容器来种植草籽。给每个儿童一个纸杯。让他们在杯子里装满盆栽土。他们可以用手或小勺子来做这件事。

3. 给每个儿童一些草籽。向他们展示如何播种——将种子撒在土壤顶部，并搅拌到土壤表面。

   【注意】种子不需要被完全掩埋。

4. 在他们播下种子后，询问孩子们："你们认为种子生长需要什么？"有些孩子可能知道种子需要水。可以与孩子们进一步讨论创造一个适当的成长环境的重要性，但只有在孩子们表达了他们的想法之后才能这样做。要确保孩子们理

第四章　探索变化 | 125

> **儿童读物**
>
> 丹尼斯·弗莱明（Denise Fleming）的《在高高的草地上》（In the Tall, Tall Grass）一书可以带我们进行一次花园之旅，了解草地上发生的真实情况。这本书可以激发人们对草进行更深入的观察。
>
> 别忘了由阿尔文·施瓦茨（Alvin Schwartz）和休·特鲁斯德尔（Sue Truesdell）所著的《绿草到处生长：民间诗词》（And The Green Grass Grew All Around: Folk Poetry From Everyone），这本书里包含了许多关于不断生长的草的有趣的韵词和歌曲。

解水是种子发芽的一种必要条件。一旦种子发芽，它们也需要阳光。

5. 在接下来的两周内观察容器，观察草生长的过程。
6. 当草长到3~5厘米高时，问孩子们："如果我们把草的顶部剪掉一点，会发生什么变化？你认为它会再次长高还是以其他方式变化？你认为它会保持原来的样子吗？"让孩子们猜测会发生什么。他们如果曾经观察过割草，也许能够预测草会再次长高。
7. 你可能希望孩子们用连锁方块或其他测量工具来测量草的高度。孩子们可以在割完草后再次测量高度。
8. 让孩子们用儿童剪刀剪草。
9. 继续给草浇水，让它们沐浴阳光。在接下来的几天里观察草。问："发生了什么？生长在外面的草发生了什么？你见过割草吗？"

简单操作

- 让草自由生长。与孩子们谈论他们在草地上观察到的变化。

增加挑战

- 让孩子们每隔几天画一幅观察画来制作"种草日记"，描述他们播种、割草以及割草后几天的情况。

观察和评估儿童的科学学习

- 儿童能描述种子是如何变化的吗？
- 儿童能用测量术语来描述割草时草的变化吗？

> **双语学习者**
>
> 关注儿童对该活动的概念性理解。明确地说明孩子们将要接触的每种材料的名称。

科学课程

语言与读写——孩子们用富有表现力的语言来描述草,他们在哪里见过草,以及如何照料草。

数学——在这个活动中,孩子们在割草前后测量草的高度。

科学与自然——做"鸡蛋头"。将半个蛋壳放在一块橡皮泥或黏土中,使其竖立。让孩子们在蛋壳上画或者粘贴剪纸或其他材料来做脸谱。在蛋壳里填满泥土;种植草籽,等待"毛发"生长。

哇，真是一团糟！

科学过程技能

- 聚焦观察
- 分类

科学词汇

- 改变
- 环境
- 垃圾
- 回收利用
- 责任感

材料

- 3个足够容纳3组垃圾的容器
- 每个儿童3件清洁过的垃圾（儿童可以安全处理的塑料、金属和纸质品）
- 大张纸和一些彩色记号笔
- 大垃圾袋（侧面裂开，因此里面的东西很容易"意外地"溢出）

想象一下，当儿童看到自己的游戏区到处都是垃圾时，他们会多么沮丧。虽然这可能是一场"乱丢垃圾"的闹剧，但它可能会激发儿童对空间产生一种主人翁意识，从而产生空间责任意识和清理的愿望。这项活动还提供了一种方法来对他们发现的垃圾进行分类。

科学内容标准

儿童将观察户外区域的自然环境，寻找变化的迹象；观察自然和人工的物体，以及游戏区发生的变化。（科学探究；生命科学——生物体和环境）

活动前

与管理员以及负责室外维护的人员一起明确此活动的要求。

怎么做

1. 在活动的前一天，带孩子们到户外，与他们谈论学校周围这一小块土地的重要性。有没有一块干净的柏油地可以用来玩球类游戏或骑轮式玩具？也许你居住的地方有漂亮的花或灌木，每个儿童居住的地方都有一些特色。帮助孩子们发现这个户外空间的特点，使其对他们来说是特别的。把蜡笔、记号笔和纸带到外面，让孩子们在这个特殊的地方画一些他们喜欢的东西。如果你有数码相机，那么可以让孩子们决定拍摄什么来记录他们的特殊位置。

> **儿童读物**
>
> 菲莉丝·克拉西洛夫斯基（Phyllis Krasilovsky）的《不洗碗的人》(*The Man Who Didn't Wash His Dishes*)是一本有趣的书，讲的是一个小个子男人在忙完一天的事情后累得不愿洗碗的故事。脏盘子堆得满屋都是。他的房间里仿佛除了脏盘子之外没有别的盘子了！真是一团糟。这个人会如何解决他的脏盘子问题呢？

2. 第二天，搭建舞台。选择适合你的方法。

①带孩子们出去玩时，随身携带一袋垃圾（你可能需要提供携带的理由）。假装"意外地"被绊倒并将垃圾尽可能多地撒落在游戏区域。

②在带孩子们外出之前，将垃圾撒落在整个游戏区，营造垃圾"意外地"掉落到该区域的错觉。

给孩子们一个机会来评论这一团糟的情况。如果他们没有立即做出反应，请提示他们描述所看到的情况。他们看到游戏区有多乱了吗？提醒他们前一天的情况。给他们看一些他们以前的画或照片。

3. 问："我们直接离开游戏区，还是每个人都愿意帮忙清理这里？"准备好三个容器，以便将不同的垃圾分类并放到正确的垃圾箱中。

4. 在孩子们清理垃圾之前，让他们将垃圾排成三行，以图形的方式展示不同的垃圾类型的百分比。计算并记录每个垃圾箱中的垃圾数量。讨论哪种垃圾最常见，哪种垃圾最不常见，哪种垃圾占用空间最多。

5. 让孩子们把所有材料捡起来。当孩子们收拾完所有垃圾后，和他们谈谈积极改变环境的感受。帮助孩子们提升自豪感以及工作荣誉感。

简单操作

- 如果附近有一个回收站或一个出售可重复使用的物品的商店，教师可以考虑带孩子们看看他们的垃圾是如何被重复使用或回收利用的。

增加挑战

- 鼓励孩子们想一些利用这些材料的方法。例如：

第四章 探索变化

主题连接

我们的社区 / 保护环境

- 将此活动作为你的社区和社区主题的一部分，或者作为环境保护主题的一部分。

双语学习者

鼓励母语不是英语的儿童与班上的其他儿童讨论他们正在做的工作。

酸奶容器能不能变成杯具或舀沙勺呢？

观察和评估儿童的科学学习

- 儿童是否意识到自己可以做一些事情来改变一个地方的面貌？
- 儿童能否将物品分为三类（纸、塑料和金属）？
- 观察儿童看到并清理垃圾时的反应——儿童是否在培养环境责任感？

家庭参与

讨论儿童在家中和周围的社区里可以做些什么来减少乱丢垃圾的行为。

检查要点：探索变化

这个地方怎么了？

这项活动将帮助儿童发展观察技能，并让你深入地了解他们对本章中的三个科学概念的理解：有些变化是可逆的，有些变化是不可逆的；有些变化很快，有些变化很慢；有些变化是自然发生的，有些变化是由人类引起的。

科学过程技能

- 聚焦观察
- 分类、组织和交流观察结果

科学词汇

- 改变
- 花朵
- 草
- 生长
- 杂草

材料

- 剪贴板（或带有纸夹的纸板，防止纸张被吹走）
- 绘画纸和绘画材料
- 废纱线（最好是绿色的）
- 水性粉状涂料（明亮的颜色）或面粉

科学内容标准

儿童将观察物体如何变化；观察和描述快速和缓慢的变化；区分人为的变化和自然发生的变化；儿童将观察到，一些变化是可逆的，一些变化是不可逆的。（科学探究；生命科学——生物的特性）

活动前

与园林工人交谈，了解他们修剪草坪的时间表，以便孩子们能及时观察到草在修剪前后的状态。

怎么做

1. 在割草的前两天，带孩子们出去观察草坪。让他们穿过草地，谈论小草有多高。拿出几根纱线，向孩子们演示如何用纱线测量草的高度。剪下一段长度和草的高度相等的纱线，然后用胶带把它粘在一张纸上保存。
2. 鼓励孩子们画一画他们看到的东西。他们看到不

第四章 探索变化 | 131

是草的植物了吗？找一株野草，也可以是一朵花，如蒲公英。研究它的样子，用一小圈明亮的水性粉状涂料或面粉标记它的位置。同样，剪下一段纱线来测量它的高度，然后把它粘在纸上。

3. 在割草的前一天，把孩子们带到外面再观察一次。检查他们标记的植物是否还在那里。引导他们观察，与前一天相比，植物有没有什么变化。

4. 修剪完草坪后，立即带孩子们出去观察变化。

【注意】如果有可能，请园林工人修剪一部分草，另一部分草不修剪，这样孩子们就可以更清楚地看到两者之间的区别。

谈谈他们现在观察到的环境与之前相比有什么不同。用纱线来量草的高度。把纱线粘在你先前剪下的植物旁边。这样就形成了一个简单的图表，可以让孩子们查看植物变短了多少。

5. 用一张大纸列出孩子们观察到的所有变化。记录所有相同的事情。

观察和评估儿童的科学学习

- 儿童能识别出草坪因修剪而发生的一些变化吗？
- 儿童知道是什么导致了变化吗？
- 儿童能认识到割草所带来的变化是一种突然的变化，而草的生长过程是一种逐渐的变化吗？

第五章

探 索 工 具

科学概念

本章将探讨以下科学概念:

1. 工具和材料是为实现特定的目的而制造的;
2. 我们可以通过制造工具和材料来完成某些任务。

引　言

在探索工具和材料的过程中,儿童开始找到一些重要问题(如"我们能用它做什么?它是如何工作的?它为什么会这样呢?")的答案。在活动中,儿童有机会为具体任务设计特殊的工具。想象一下,当儿童为完成一个"壮举"或在班级中帮助他人而发明了一个完美的工具时,他的感受是什么。

准备

将以下材料和其他有趣的物品放在探索区或教室里其他适当的地方,供儿童在自由探索时间进行探究:

- 天平;
- 滴管;
- 扫帚;
- 簸箕;
- 打蛋器;

- 漏斗；
- 量杯和勺子；
- 量尺，卷尺和其他测量工具；
- 拖把；
- 塑料管和连接器；
- 钳子；
- 玩具工具；
- 镊子。

自由探索

与儿童讨论他们对工具的了解，然后开展自由探索。向儿童解释工具是为完成特定目的而设计的物品。准备一些工具与儿童分享。问一问："你家里有工具吗？你们在家里用工具做什么？你的家人用什么工具做饭？你知道用工具来修理东西的人吗？他们用工具做什么？你见过有人用工具做东西吗？"当儿童分享他们的想法时，把这些想法写在一个叫"我和工具一起工作"的"发现表"上。

让儿童在课堂中有充分的机会研究新材料。虽然儿童在第一次探索这些材料时可能需要一些指导或建议，但教师要尽可能地让儿童自由探索，而不是过度干预他们的探索，这一点很重要。

现在是时候开始制作这项探究的发现书了。你可能想要制作多本发现书，每本涉及一个特定的活动，或者制作一本有图画和说明文字的通用书来展现儿童正在学习的有关工具的知识。儿童也可以在自己的发现日记中画出或写下他们所做的和所观察到的事情。随着儿童不断地发现新的工具及其用途，鼓励他们和你分享新的发现，并将这些发现添加到"我和工具一起工作"的发现表中。可以让儿童剪下工具的图片并添加到发现表中，或者帮助他们制作一个展现工具及其用途的列表。

胶　　水

大多数儿童喜欢使用胶水。给孩子们提供胶水和三个不同的工具，让他们按照自己的想法进行创造。哪种工具的效果更好？或许他们的手指就是最好的工具。

科学内容标准

儿童与工具互动，以确定哪些工具最适合点胶，同时使用可重复使用的材料制作新产品。（科学探究；科学与技术）

怎么做

1. 把收集到的材料放在桌子上，与孩子们讨论这些材料。谈谈各种材料是由什么制成的，它们最初的用途是什么。说出疑惑："这个盒子看起来像是用来装食物的，你认为里面装的是什么？我想知道这个硬纸管是从哪里来的。宝贝，你带来的包装纸原来是用来包装你妈妈的生日礼物的吗？谁带来了这些小的泡沫塑料？我曾经收到朋友邮寄给我的礼物，盒子里装的就是这种泡沫。"告诉孩子们，他们可以重复使用他们收集到的东西，并且可以用胶水将这些东西粘起来做成有趣的新东西。

2. 向孩子们展示三种工具（滴管、工艺棒和画笔），告诉他们可以用这些工具点胶。鼓励孩子们自己决定哪种工具最适合他们。

3. 让孩子们独立工作，自己创作。

4. 与孩子们讨论不同工具的工作原理。孩子们可能

科学过程技能

- 聚焦观察
- 组织和交流观察结果

科学词汇

- 建构
- 创造
- 工艺棒
- 滴管
- 画笔
- 硬纸管
- 移液管
- 扩散
- 工具名称
- 二手的
- 工作

材料

- 分类收集的材料（如包装纸和空食品盒）
- 可回收或重复使用的物品（如鸡蛋盒、包装纸、用过的贺卡、纸箱、木屑、少量泡沫包装、纸杯、吸管）
- 工艺棒
- 胶水
- 画笔
- 移液管（滴管）
- 装胶水的小容器

第五章　探索工具 | 135

主题连接

艺术

- 许多艺术家利用可回收材料进行创作。你可以在互联网上搜索体现环保理念的艺术作品的照片,与孩子们分享,激发他们新的创作灵感。

工具

- 本章中的许多活动是对工具、机器和社区助手等相关主题的良好补充。

会这样说:"胶水堵住了滴管,但是画笔确实有用。"这个年龄段的儿童刚刚开始理解"更好"和"最好"等相关术语的含义。对他们来说,最好的工具可能是他们所崇拜的一个同学选的。没关系,这只是一个开始。

简单操作

- 提供容易操作的材料,让孩子们在两种涂胶水的工具中选择。或许他们可以制作出更长或更高的东西。

增加挑战

- 让孩子们挑战使用胶水为积木建构区建造道具。在教师的指导下,孩子们一起创造儿童版的交通工具或建筑,并用它们开展表演游戏。一些儿童可能会发现液体胶水太乱或太难处理,可能更倾向于使用其他类型的胶,如胶棒或胶带。

观察和评估儿童的科学学习

- 儿童可以指出他们最喜欢的或者他们认为最有用的工具吗?
- 儿童能解释他的选择吗?

科学课程

户外活动——让儿童寻找户外的材料来制作户外雕塑。在使用胶水粘贴户外材料时,不同胶水的使用效果一样吗?与孩子们讨论他们用来制作户外雕塑的材料与用来制作室内雕塑的材料有什么不同。如果他们的雕塑被留在外面,那么会发生什么?向儿童展示如何用绳子这个工具将一些木棍固

> **儿童读物**
>
> 罗宾·普尔弗（Robin Pulver）在《托格夫人的拉链》(*Mrs. Toggle's Zipper*)一书中讲述了一名教师因为拉链卡住了而无法脱掉外套的故事。
>
> 书中的每个人都尝试用创造性的方式帮助教师解决这个问题，直到管理员亚伯先生穿着围裙走进房间。亚伯先生的围裙上挂满了工具，他有解决这个问题的工具！这本书还为孩子们介绍了一些有趣的新单词，如 thingamajig（装置）、whatsit（某种东西）、doodad（小玩意儿）和 whatchamacallit（在想不起名称时所用的"那个"）。教师可以用这些单词创建一面非常棒的文字墙。

定在一起。孩子们可以在不用任何工具的情况下制作临时雕塑吗？

家庭参与

让儿童的家长带一些可重复使用的材料（如鸡蛋盒、纸盒子、硬纸管和塑料泡沫）到学校，以供儿童制作雕塑。

使用博物馆和社区资源

为社区里的雕塑拍照，与孩子们分享这些雕塑的照片。谈谈人们是如何制作这些雕塑的，以及艺术家制作雕塑所用的材料。

黏 土 煎 饼

科学过程技能

- 聚焦观察
- 组织和交流观察结果

科学词汇

- 变化
- 扁平
- 压平
- 工具
- 工具名称

材料

- 用于压平黏土的各种物体（如擀面杖、儿童木槌和其他不易碎的物品）
- 连锁方块
- 黏土

制作黏土煎饼最好的工具是什么？让孩子们尝试使用不同的工具，然后讨论结果。这有助于让孩子们将注意力集中到工具上，将工具作为制作煎饼时要考虑的变量，与此同时，孩子们还可以玩一些假装游戏。

科学内容标准

儿童将使用和描述适合用来制作煎饼的有效的工具。这些工具还能用来做什么？（科学探究；科学与技术）

活动前

制作黏土或使用商场出售的儿童黏土。把黏土团成网球大小。每个儿童至少做一个球并把其中一个球压成饼状。

怎么做

1. 向儿童展示你做的两种形状的黏土：圆球和扁球。告诉孩子们需要努力把球做成煎饼。提出问题："你能猜猜我是用什么工具做煎饼的吗？"孩子们可能会回答"你用了擀面杖"或"你用手把它压扁了"。这些回答都是很好的猜测，擀面杖和手都可以成为制作黏土煎饼的工具。

2. 向孩子们展示你收集的工具，给每一个儿童分发一个黏土球。告诉孩子们该轮到他们把黏土压平了，同时提醒他们必须用这些工具或用在教室里找到的其他工具将黏土球压成扁扁的煎饼。

> **儿童读物**
>
> 埃里克·卡尔（Eric Carle）的《煎饼、煎饼》（*Pancakes Pancakes*）一书向孩子们和成人展示了制作煎饼的过程。这本书描述了各种工具（如镰刀、连枷、磨石、黄油搅拌器、汤匙和长柄勺等）的使用，书里的一切让读过这本书的人都想试试做煎饼。

> **主题连接**
>
> **点心和烹饪**
>
> - 烹饪煎饼，尽可能让儿童获得真实的体验（例如，在咖啡磨坊或研磨机中研磨小麦，摇动奶油罐，将奶油变成做煎饼的黄油），这将有助于丰富孩子们的学习经验。

3. 在孩子们做完煎饼后，你可以问问他们是怎么做的。孩子们能告诉你或向你展示他们做了什么吗？问："你可不可以再把它恢复成球，然后尝试用另一种工具来做煎饼，试试看！"

简单操作

- 用工具（如连锁方块）测量每个黏土煎饼的宽度。孩子们也可以测量黏土球。孩子们能分辨出哪个煎饼更宽吗？

增加挑战

- 混合所有黏土。孩子们能利用工具制作出这个世界上最大的煎饼吗？这个煎饼有多宽？孩子们用了多少种工具来做这个煎饼？

观察和评估儿童的科学学习

- 儿童能用语言描述一下他们所使用的工具以及他们是如何压平黏土的吗？
- 儿童能指出哪种工具更好用吗？

科学课程

语言与读写——与孩子们谈谈其他种类的扁平状面点；一些儿童可能对玉米饼、印度饼、三明治和皮塔饼等面点很熟悉。

印　　章

科学过程技能

- 聚焦观察
- 观察分类

科学词汇

- 吸收
- 分组
- 拓印
- 印记

材料

- 纸（用于发现书）
- 纸巾（用于清洁）
- 可以蘸取墨水来拓印的各种物品（如黏土块、塑料果篮、塑料泡沫、木头、砖块、起皱的锡箔纸、石头块、蜡块和纸板）
- 可洗的印章垫

商店并不是唯一能够找到拓印工具的地方。孩子们可以找到各种各样的可以用来拓印的物体。经过一段时间的试验，孩子们应该能够将印章分为好用的印章和不好用的印章。

科学内容标准

儿童会注意到，工具是为了特定的目的而制造的；儿童会观察到，我们可以制造工具来完成某些任务。（科学探究）

怎么做

1. 向孩子们展示你为他们收集的材料，让他们尝试在印垫上拓印。说："看看我找到的这些材料，我有个主意，与其把它们扔掉或回收，不如我们试着用它们做印章。我们可以尝试用这些东西来拓印，找出可以成为好的印章的材料。"

2. 鼓励孩子们在工作中分享意见。教师可以说："哇，你用泡沫做了一个大正方形，你注意到了这块石头的哪个特点呢？"（或者）"嗯，我想不出你是如何做出来的，你能告诉我吗？"一些儿童会更乐意展示给你看，而不是讲给你听。你可以这样回答他："噢，我明白了。你用起皱的锡箔纸在你的印垫上盖了一个又一个印。你一定用了两种颜料，因为我看到这里有蓝色和绿色的印记。"

3. 在孩子们经过一段时间的拓印试验后，与他们谈一谈。例如，教师可以说："能不能告诉我，你

儿童读物

利奥·利奥尼（Leo Leonni）的《小黑鱼》（Swimmy）一书插图精美。艺术家掌握的技术实际上包括拓印！

看看这本书，和孩子们谈谈艺术品是如何创作的。

主题连接

关于我

- 给孩子们相同的拓印材料。让孩子们有机会创造他们独一无二的印章，这种经历对于他们来说是特别的。

插图画家

- 我们书里的一些图画是由谁制作的？他们是如何制作这些图画的呢？这些问题可以引导儿童开启对插图世界的探索。

关于所有材料的想法？它们全部可以做成有用的印章吗？让我们把它们分成两堆好不好？把我们喜欢的材料放在这一堆，我们可以重复使用它们。把那些不太好用的材料放在另一堆。"让孩子们比较这两堆材料，看看哪一堆材料里的物体更多。在核验时，可以数数每一堆物体的数量，也可以将它们并排排列，创建一个简单的"真实物体"条形图。

简单操作

- 让孩子们用他们的印章来制作一本发现书。他们如果喜欢，就可以在印记旁边贴上自己手写的标签，记下做这个印记的过程。根据孩子们的需要为他们提供帮助。

增加挑战

- 孩子们用各种物体盖出印记，制成图片。让他们的朋友试着找出照片中与印记相对应的模具。

观察和评估儿童的科学学习

- 儿童能将材料分为好用的印章材料和不好用的印章材料吗？他们能够描述它们之间的差异吗？

小小家庭建筑师

科学过程技能

- 聚焦观察
- 组织和交流观察结果
- 线性测量

科学词汇

- 建造
- 建构
- 家
- 房子
- 重复使用
- 工具

材料

- 硬纸管
- 杯子
- 鸡蛋盒
- 胶水
- 纸
- 儿童剪刀
- 小盒子（每个儿童一个）
- 细绳
- 胶带
- 纱线

儿童为喜爱的动物或娃娃建造一个家，这项活动为发展他们在建筑方面的创造性提供了理想渠道。孩子们可以使用艺术区的工具和材料，以及之前那些塑料泡沫、硬纸板、盘子和纸杯等物品，从而为他们的玩具建造一个家。孩子们建房子的时候，就是强化重复使用理念的时候。

科学内容标准

儿童将重新使用收集到的材料为他们喜爱的玩具或娃娃建造一个家。在建造过程中，儿童将确定较好用的工具并讨论哪个工具最适合完成哪项任务。（科学探究；非标准测量——线性测量）

活动前

请孩子们带一个小玩具（如小娃娃、机器人或毛绒动物玩具）到学校。他们会想为这些玩具建造一个家。

怎么做

1. 把几个儿童聚在一起，让他们相互介绍自己的玩具。例如，教师可以说："看看我们喜欢的各种玩具吧，巴莱克和托尼的玩具大小差不多。艾洋的玩具非常小，我们要为我们的每个玩具建房子。"有些玩具需要大一点的房子，而有些玩具的房子可以小一点。向孩子们展示建造房子的所有材料。

2. 让孩子们单独或与合作伙伴一起从你提供的物品

> **儿童读物**
>
> 拜伦·巴顿（Byron Barton）的《盖房子》（Building a House）一书以在泥土中挖一个洞为开头，逐渐带着读者走进建造房子的场景中。
>
> 埃里克·卡尔（Eric Carle）的《寄居蟹的房子》（A House for Hermit Crab）和玛丽·安·霍伯曼（Mary Ann Hoberman）的《我的房子我的家》（A House is a House for Me）都是有着精美插图的书，它们会引发人们针对生物是如何找到属于自己的房子的问题的讨论。
>
> 安·莫里斯（Ann Morris）的《房子和家》（Houses and Homes）一书中探讨了房屋的多样性，书里介绍了来自世界各地的房子，并且讨论了建造这些房子所使用的不同类型的建筑材料。

中选择需要的材料。在儿童设计和建造房子的过程中，你要鼓励他们进行团队合作、沟通协商，这是帮助一部分儿童学习合作的成功方法。

3. 在建造过程中，儿童可能会感受材料的平衡性、稳定性、形状和功能。询问他们的进程，如："你能为小熊找一个大点的盒子吗？你认为它喜欢家里有什么？你如何才能找到一张大小合适的床？"
4. 和孩子们讨论如果没有某些工具（如胶带和剪刀），他们会怎么做。

简单操作

- 鼓励孩子们为积木建构区修建隧道和桥梁。与孩子们讨论你的汽车有多大，他们需要做多大尺寸的隧道。

增加挑战

- 让孩子们在发现日记中画出他们的房子。鼓励他们仔细观察，以便画出他们看到的东西。让孩子们为自己的画贴上标签，教师根据他们的需要提供相应的帮助。孩子们还可能想为有了房子的玩具画画。

观察和评估儿童的科学学习

- 儿童能否描述和比较他用来建造房子的工具，以及描述帮助他完成了这项工作的工具？
- 儿童能否描述或展示他是如何测量或比较玩具的大小来使房子达到合适的尺寸的？
- 如果两个儿童一起合作，那么这两个儿童是否都能谈谈，他们是如何为两个玩具建造出合适的房子的？

科学课程

数学——在这项活动中，孩子们使用简单的测量技能比较玩具的大小和他们正在建造的房子的大小。

户外活动——如果户外有材料可以使用，那么许多孩子会自发地为玩具、精灵或动物玩偶建造房子。如果这些材料在户外场地不易获得，那么教师可以为儿童提供用篮子或桶装的木棍、原木、石头、贝壳或其他天然材料。如果孩子们不熟悉这种富有想象力的游戏，那么教师可通过示范建造一个基础的结构来帮助他们开始，然后询问孩子们在这个基础上要继续做些什么。

家庭参与

让家长从家中拿出一些供孩子们建造的材料——小盒子、鸡蛋盒、硬纸管、杯子等。

使用博物馆和社区资源

鼓励家长带着孩子去参观建筑工地，看看社区建设者的真实行动。

滑　　轮

曾经的滑轮体验让孩子们认识了一个简单但重要的物理工具。在随后的科学培训中，他们将学习更多复杂的使用滑轮的方法来完成越来越困难的工作。现在是时候去探索使用单个滑轮在区域内工作的方法了。

科学过程技能
- 聚焦观察

科学词汇
- 下降
- 重量
- 上升
- 滑轮
- 向上
- 轮子

材料
- 各种物品
- 滑轮
- 绳索或晾衣绳和一个小水桶

科学内容标准

儿童将观察滑轮做工的现象，并观察在绳索或绳子上的力产生的运动。（物理科学——物体的位置和运动；科学与技术）

活动前

你如果没有滑轮，那么可以在五金店买到价格便宜的滑轮。

悬挂滑轮最简单的方法是找到一块可以放在两个书架之间的木板。在你想连接滑轮的地方拧上挂钩，这样可以使下面有足够的空间，可以使孩子们放置装载物品的卡车和将要被提起的货物。

怎么做

1. 将绳子绑在桶上，固定滑轮，这样孩子们就能够通过拉滑轮另一端的绳子使桶脱离地面。
2. 让孩子们观察，如何用滑轮系统来提起木块或其他东西。当孩子们使用滑轮时，强化上和下的概念，鼓励孩子们讨论用手提水桶和用滑轮拉水桶的区别。

第五章　探索工具　｜ 145

> **儿童读物**
>
> 劳埃德·G.道格拉斯（Lloyd G. Douglas）的《什么是滑轮？》（*What Is a Pulley?*）是关于简单机械的一系列书中的其中一本，这本书可以让孩子们了解真正的滑轮。

简单操作

- 邀请孩子们用手举起一整盒木块，然后再用滑轮操作，谈谈用哪种方法更容易提起木块。

增加挑战

- 让孩子们为滑轮驱动下的包裹写运输标签，并在标签或纸片上画图（运输路线）。将天平放在滑轮附近的地板上。让孩子们拿两件东西，把它们放在天平两端。最重的物体应该先被拉上滑轮。

观察和评估儿童的科学学习

- 儿童能否成功地操作滑轮？
- 儿童是否明白，为了使滑轮改变方向，他必须用力移动它，他必须向下拉绳子，才能使物体向上移动？

> **主题连接**
>
> **反义词**
>
> - 使用滑轮让孩子们获得了有意义的体验，使他们对上和下的概念理解得更深刻。
>
> **简单的器械**
>
> - 让孩子们使用简单的器械来移动户外的东西。他们可以使用滑轮、车轮、杠杆和一个倾斜面来移动石头、装满水的罐子或其他东西。

科学课程

　　户外活动——你如果能接触到真正的滑轮或滑轮组，那么可以把设备绑在一个游乐设施的横杆上，然后寻找一些重物。尝试提起混凝土块。孩子们会惊讶于他们竟然可以在滑轮组的帮助下抬起重物。

　　【安全须知】确保儿童与滑轮吊起的重物之间保持安全距离。此外，滑轮必须有人看管。

使用博物馆和社区资源

　　高中科学教师通常有许多不同类型的滑轮作教具，或许某个教师愿意演示这些滑轮，甚至可以让你的学生尝试使用一些更复杂的滑轮。

T形平衡结构

科学过程技能

- 观察分类
- 组织和交流观察结果

科学词汇

- 平衡
- 更高
- 堆叠
- 支持
- 不平衡

材料

- 积木块

T形积木为儿童探索平衡提供了另一种方式。T形积木是一种可以让儿童搭建简单的桥梁和其他结构的工具。教师可以鼓励孩子们尝试建造更大更高的建筑物。让孩子们谈谈什么会让建筑物倒塌。孩子们可以将积木分类成好搭建的材料组和不好搭建的材料组吗？

科学内容标准

儿童可以使用T形结构建造一座塔，并且描述该结构如何以一种有意义的方式发挥作用。（科学探究；科学与技术）

怎么做

1. 和孩子们一起在积木建构区开始搭建——或许一开始不会成功。例如，在地板上放置一个半圆块，试着在它上面竖直放置一个长方形木块。如果一切顺利，就在顶部偏离中心的位置放一个木块。这时，说说你遇到的问题，如"嗯……这个建造工作并不顺利"。让他们用另一个木块再试一次。你可能会说："我尝试建高一点，但是我这么做似乎不起作用，我们还可以尝试怎么做？"鼓励孩子们尝试自己的想法。如果孩子们想不出其他方法，那么你可以向他们展示如何使用直立的木块做支撑，或使用T形结构来平衡不同的木块，使用这些策略并邀请他们进行尝试。

2. 让孩子们用不同形状的积木做试验，甚至可以一

> **儿童读物**
>
> 玛格丽特·怀斯·布朗（Margaret Wise Brown）的《两个小火车》（*Two Little Trains*）一书中利奥（Leo）和戴安娜·迪利恩（Diane Dillon）绘制的插图栩栩如生。玩具火车像真实的火车一样，在桥梁和积木结构的帮助下，开始了长途旅行。
>
> 伯妮丝·拉伯（Berniece Rabe）的《平衡女孩》（*The Balancing Girl*）一书中讲述了一个一年级的小女孩的故事，她拥有使物体平衡的天赋。她想出了一个聪明的想法——利用自己的专长在学校的嘉年华晚会上赚外快。她想成为一名英雄！

次使用2~3个积木组合。

3. 鼓励孩子们尝试使用2个、3个或更多的T形结构支撑积木。然后问："当你搭建了很多T形结构时，你是否更容易在积木堆上添加更多的积木？"鼓励孩子们尽可能建造一个更大的建筑物。他们可能想数一下他们用了多少个T形结构。

简单操作

- 使用其他种类的积木块重复该活动，使用各种测量工具来查看建筑物的高度。

增加挑战

- 在孩子们有了使用T形结构的经验后，教师可以让孩子们根据建造的难易程度对积木块进行分组。例如，孩子们可以将长方体、正方体和圆柱体组合在一起，建成良好的直立积木组合。他们可能会把三角体和半球体积木组合在一起，将其作为很好的顶部材料。但是如果儿童想要建得更高，那么这个组合就不太好用。在孩子们将积木分好类后，教师可以让他们在发现书中画出他们的积木组。让孩子们查看彼此的发现书，不同的孩子是否创建了不同的积木组？
- 如果放置积木的人很小心，那么到最后他所搭建的积木会保持平衡的状态。孩子们可以根据多米诺骨牌的路线来排列积木，观察当他们推倒第一块积木时会发生什么。

观察和评估儿童的科学学习

- 儿童能否根据积木的特征对其进行分组？
- 儿童能否使用特殊的T形结构建造积木建筑物？

> **主题连接**
>
> **探索桥梁**
>
> - 收集有关桥梁的图书和照片，包括当地桥梁的图片。和孩子们一起思考我们为什么需要桥梁，鼓励孩子们想想为什么桥梁是重要的建筑。
>
> **建造和建筑**
>
> - 我们建造物体的不同方式是什么？除了用积木，我们还能用什么来建造？制作一本班级手册或创建一个展板来展示孩子们的建筑作品照片。

有特殊需要的儿童

为精细运动能力有限的儿童提供易抓取的材料。

■ 儿童能展示或描述T形结构是如何帮助他的吗？

科学课程

语言与读写——孩子们在建构区精心建造起复杂的建筑物后，鼓励他们向你展示他们的作品。当孩子们专注于建构过程时，你所展现的真正的兴趣和使用的提问技巧，能够帮助他们用语言将自己的想法、行动以及行动步骤表达出来。

家庭参与

建议家长在家里继续开展这项活动。利用各种大小和形状的盒子或硬纸板，家长可以自己制作T形结构模型，然后让孩子继续建造活动。

蜡 笔 称 重

科学过程技能

- 聚焦观察
- 测量——质量测量

科学词汇

- 平衡
- 颜色词
- 比较
- 重、较重、最重
- 水平
- 轻、较轻、最轻
- 重量

材料

- 蜡笔
- 天平

这项活动提供了一个很好的利用教室里大量的旧蜡笔的方法。让孩子们确定哪一组蜡笔最重：是红色的还是蓝色的？科学工具（天平）将帮助孩子们找到答案。

科学内容标准

儿童将把天平作为工具来确定哪种颜色的蜡笔最重。（科学探究；测量——质量测量；科学与技术）

怎么做

1. 向孩子们展示一桶蜡笔并说："看看这桶蜡笔！各种颜色的蜡笔都在里面，我想知道红色的蜡笔是不是比蓝色的蜡笔更重。你认为绿色的蜡笔重还是棕色的蜡笔重？我说不出来，你能告诉我吗？我猜，天平可以帮助我们找到答案。"与孩子们一起选择两种颜色的蜡笔，使用天平来比较它们的重量。

2. 让孩子们把两种颜色的蜡笔分类，将两种不同颜色的蜡笔分别放在天平的两边。当他们在天平一边的托盘里放更多的蜡笔时，天平的平衡状态就会改变。看着这一切并说："现在，放红色蜡笔的一边在下降，代表红色的蜡笔较重。当我们把更多的蜡笔放在蓝色的一边时会发生什么呢？"

3. 孩子们在放完红色或蓝色的蜡笔后，确定哪一边较重。

> **儿童读物**
>
> 汤米·德葆拉（Tomie dePaola）所著的《艺术课》（*The Art Lesson*）是关于颜色、蜡笔以及它们能做什么的一本书。德葆拉把这本书献给了他的美术老师。

4. 3—4岁的儿童开始使用比较性语言。你会经常听到他们说"我是最大的"，不论他们是不是。当你开展这项活动时，把你对他们行为的观察说出来，如："你让红色的一边下降了，这意味着红色的蜡笔现在较重一些。我想知道哪种颜色的蜡笔较轻。天平是一个可以帮助我们找到答案的工具。"

简单操作

- 让孩子们寻找教室里的各种物品，将它们放在天平上，继续探索作为一种比较物体重量的工具的天平还有什么功能。

增加挑战

- 鼓励孩子们用其他颜色的蜡笔重复这项活动。一些儿童可能会发现所有蜡笔中最重的一组。让孩子们抓一把同一种颜色的蜡笔放在天平上，然后按同样的方式抓另一种颜色的蜡笔。观察哪边较重。对所有颜色的蜡笔都这样做，看看孩子们是否能理解为什么用这种方法看不出哪种颜色的蜡笔最多。

观察和评估儿童的科学学习

- 儿童能辨认出天平两边哪种颜色的蜡笔较重吗？
- 儿童能展示或描述天平作为一种工具是如何有效地测量物体重量的吗？

科学课程

艺术——摆放含有艺术家作品图片的图书。引

> **主题连接**
>
> **"我是我""我是独特的""朋友"**
>
> - 孩子们可以对自己进行分组，就像对蜡笔进行分类一样。轮流选择分类的依据：系鞋带与没系鞋带；穿T恤衫与穿带纽扣衬衫；步行、开车与乘公共汽车去学校。用图表表示结果或与孩子们一起简单统计个数。

双语学习者

演示天平的使用方法，重复使用关键词，如"较重""较轻""平衡"和"天平"。

有特殊需要的儿童

对于有运动障碍的儿童来说，用带桶或带托盘的天平来放蜡笔可能比没有容器的天平更容易。

导孩子们讨论艺术家所使用的材料，并且鼓励他们尝试使用这些材料。

数学——在这项活动中，孩子们按颜色将蜡笔进行分类，最初只分了两种颜色，有了经验后，孩子们可以同时对多种不同颜色的蜡笔进行分类。

使用博物馆和社区资源

许多杂货店和农产品商店仍然使用天平或秤来确定顾客所购买的物品的重量。鼓励家长使用它们，这样孩子们可了解人们在实际生活中使用的其他称重工具。

建造一棵树

科学过程技能

- 聚焦观察
- 组织和交流观察结果

科学词汇

- 真实
- 分枝
- 工具
- 建造
- 树
- 树叶
- 枝干
- 树枝
- 假装

材料

- 四块"2.5厘米×5厘米"的木头、拖把或扫帚柄（用作树干）
- 硬纸管
- 胶水
- 锤子（成人使用）
- 钉子（成人使用）
- 天然材料（如树叶和枝条）
- 纸
- 支撑树干的材料（如树的支架，也可以把树放在一桶沙子或石子中）
- 细绳
- 胶带
- 纱线

树在人类生活中具有重要的价值，它与重力、环境相互作用，保持强壮而直立。制作一棵树容易吗？让我们试试看！

科学内容标准

在对真实树木进行观察的基础上，儿童将建造一棵树。（生命科学）

儿童将使用工具来完成这个项目；儿童会选择对他们帮助最大的工具。（科学与技术；生命科学——生物的特性）

活动前

把一块木头放在树桩上使木头直立，沿着木头的长度方向钉几颗钉子。

怎么做

1. 带孩子们到户外散散步，看一看附近的树，指出树的分枝和树枝。问孩子们："让我们把身体当作树，一些树枝向外伸展出来，一些树枝向上生长。你观察的树是怎么生长的呢？当风吹来时会发生什么？谁可以随风移动？"如果学校附近没有树，那么可以分享你有关树的经验并且鼓励孩子们一同分享。例如，描述你在上班路上或在家附近看到的树。鼓励孩子们分享他们关于树的经验。"哪个小朋友家附近有树呀？你们都爬过树吗？有没有人在树上玩过秋千？"拿出树的图画书给孩子们阅读。

第五章 探索工具

> **儿童读物**
>
> 凯迪克奖获得者贾尼丝·梅·伍德里（Janice May Udry）的《树真好》（*A Tree Is Nice*）是一本有关树的图画书。

2. 向孩子们展示你收集的材料。将硬纸管作为树枝，和他们一起建造一棵树。在这个过程中，孩子们尝试体验平衡、稳定性、样式与功能。当孩子们试图让树枝留在主干上时，问题就会出现。他们可能还需要更多的胶带。
3. 与孩子们讨论，如果没有胶带等工具，那么他们将会怎么做。问孩子们："没有钉子，我们的树会有什么不同吗？"

【安全须知】提醒孩子们要小心，避免被钉子刮伤。

4. 讨论建造的树与真实的树的相同之处和不同之处。孩子们可能想收集一些天然材料放在他们的树上。与孩子们讨论真实与想象之间的不同。

简单操作

- 给孩子们提供纸，让他们设计树叶。他们可以画出树叶，也可以在纸上拓印，把叶子拓片剪下来挂在树上。让孩子们画出自己的树。

增加挑战

- 给孩子们提供一个人造树模型，让他们一起进行组装。引导他们思考：这棵人造树与他们自己建造的树有什么不同，有什么相似点呢？

观察和评估儿童的科学学习

- 儿童能否展示或描述他们建造这棵树用到的工具以及树的哪部分用了什么样的材料？
- 儿童用什么样的工具或材料更容易工作？哪部分的工作是困难的？

> **主题连接**
>
> **树或植物**
>
> - 用你或孩子们拍摄的照片，为附近的树木或植物制作一份观察指南。叠好照片，在一角打孔并用一个圆环穿起来。在"季节"主题活动中，可以引导儿童为每个季节制作一棵树。

科学课程

户外活动——收集更多叶子、枝条和其他材料,将它们放在孩子们建造的树上。

家庭参与

请儿童的家长为这项活动捐赠一些材料,如管子、钉子、扫帚和其他天然材料。

快速检查：探索工具

请帮帮我

探索工具

科学过程技能

- 聚焦观察
- 组织和交流观察结果

科学词汇

- 选择
- 描绘
- 呈现
- 告诉
- 工具名称
- 体积

材料

- 各种不同的工具（有些是好用的运水工具，如杯子或火鸡烤肉器；有些是不太好用的运水工具，如木勺或平木板）
- 大碗或水罐
- 戏水台

这是一项很棒的活动，可以了解孩子们是否掌握了工具的概念，理解工具是帮助人们完成各种任务的有用设备。这也是一个你和孩子们都会乐在其中的充满趣味的评估过程。

科学内容标准

本活动是对儿童使用前面活动中介绍的工具的能力的回顾和检查。儿童应该能够指出：

- 工具是为实现特定目标而制造的；
- 人们制造工具来完成特定的任务。（科学探究；科学与技术）

怎么做

1. 给孩子们列出各种不同的工具，供他们在活动中选择和使用。
2. 邀请一组儿童和你一起去水池，取一个容器，让孩子们选择并使用桌子上任何可用的工具，给容器装满水。

近距离观察

展示——让儿童使用他选择的容器，按照自己的方式装水。儿童会怎样取得成功？观察儿童最初选择的工具，注意儿童在选择或使用工具时所做的改变。感谢他们向你展示将容器装满水的方法。询问儿童是否可以用不同的工具,从而装得更快。将水倒回去,重复这个活动。儿童已经拥有了使用工具的经验,这次会选择什么工具?他们是否会忽视那些无效的工具而直接选择那些效果最好或最有趣的工具?

描述——问问儿童为什么选择他手里的工具。如果他在这一过程中更换了工具,问问他为什么选择更换。让儿童谈谈工具的形状或大小以及对水流的影响。

绘画——给儿童一张分成两半的纸,告诉儿童,一边画一个适合这个活动的工具,另一边画效果不太好的工具。

书写——和孩子们一起看他们的画,让他们在画上贴上标签,在标签上写上工具的正确名称。让孩子们写下来或口述自己想出的一种工具用得比另一种工具更好的原因。

观察和评估儿童的科学学习

■ 这个活动提供了充分观察每个儿童使用不同工具运水的机会。鼓励儿童讨论为什么他们选择的工具是有用的。如果儿童换了更有效的工具(可以运更多水的工具),请他解释一下他为什么选择更换工具。通过上述策略,了解儿童是否知道不同工具的正确使用方法。

水管工学徒

在这个活动中,你培训的水管工学徒会发现水管线的复杂。这些水管工的小徒弟们使用修管道最重要的工具——塑料管和连接器——来制造水道。孩子们很快就会发现形状有趣的管道并不总是最好的水道。

科学内容标准

儿童将探索建造塑料管道的复杂工作,在建造完成之后,水流会流过管道。儿童将使用各种连接器和管道来完成任务,并且发现如何制造不同的装置来提供特定的功能。(科学与技术)

活动前

你可以到建筑工地或水管商店里买一些废弃的塑料管。大多数人都会很乐意为你的班级提供这些材料。你可能需要购买配件和连接器。

怎么做

1. 鼓励孩子们扮演水管工或管道安装工人,在建构和表演游戏区使用水管和连接器。孩子们通常会喜欢制造各种各样的装置。和孩子们讨论不同长度的管道、不同类型的连接器以及它们如何一起发挥作用。

2. 在孩子们用一定的时间处理管道后,鼓励他们在戏水台或室外测试他们的水管连接装置。孩子们可以使用漏斗把水倒进管道中。

3. 水会从孩子们期望的地方流出来吗?是否有泄漏或意外情况发生?询问儿童:"你是如何让水从

科学过程技能

- 聚焦观察

科学词汇

- 连接器
- 连接器名称
- 管道
- 管道工程

材料

- 收集各种长度的塑料管
- 装水的容器
- 漏斗
- 连接器工具箱
- 各种连接器
- 戏水台或装满水的大而平的容器

儿童读物

马克·托马斯(Mark Thomas)的《和水管工在一起的一天》(*A Day with a Plumber*)一书告诉孩子们真正的水管工都做些什么。你可能想看看他整个图书系列中关于不同职业的其他图书。

> **儿童读物**
>
> 阿诺德·洛贝尔（Arnold Lobel）的《老鼠的故事》（*Mouse Tales*）一书中，"洗澡"这一节是一个非常有趣的故事。作者讲述了一只脏脏的老鼠的故事，它不停地洗澡，让水从窗户流到了大街上，城里的每个人都请求它把水关掉！

不同的路径流出来的？你有连接更多水管的方法吗？你能让水流动的最长距离是多少？"

4. 让孩子们有更多的机会制造不同的装置。帮助他们了解更多种连接水管的方式和让水从这里流到那里的方法，这是真正有意义的事情。

简单操作

- 给孩子们提供作为管道使用的硬纸管，并让他们用胶带将它们连接起来。让他们在水管一端放一块大理石或一辆小汽车，观察物体从一端滚向另一端的过程。他们能让它滚出并击中一个木块或其他目标吗？

增加挑战

- 专业的水管工人在工作之前会制订计划。在孩子们熟悉了管道和零件后，教师可让他们画出并制作一个简单的设计图。孩子们能为其他小水管工设计方案吗？

观察和评估儿童的科学学习

- 在工作过程中，儿童是否能够将水管和接头连接起来，从而组合成更长的管道，并使管道正常通水？

科学课程

数学——在活动中，孩子们比较不同长度的水管和不同种类的连接器。

使用博物馆和社区资源

邀请一名专业的水管工来和孩子们谈论管道，分享和展示水管工所使用的工具。

> **主题连接**
>
> **社区助手**
>
> - 谁是建造和负责照看我们楼房的人？你的家中可能就有这样的人。让孩子们带上工具来扮演电工、木匠等角色。
>
> **水**
>
> - 和孩子们一起寻找建筑里的水。它是从哪里进入大楼的？鼓励孩子们想想大楼里有水的地方——厕所、水槽、水龙头、管道、排水管，以及周围环境中其他有水的地方。

第五章 探索工具 | 159

请帮我把容器装满

水！水无处不在！我们怎样把水从这里送到那里？让孩子们用自己的方式弄清楚哪些工具最适合完成这项任务。

科学内容标准

儿童将观察各种运水工具并能够描述它们是如何把水从这个容器转移到另一个容器的。（物理科学——物质的特性；科学与技术）

怎么做

1. 游戏是儿童的基本活动。往水池或浴缸里倒满水，孩子们喜欢倾倒、填满容器和学习如何使用各种工具。需要考虑的是，巴斯特吸管和眼药水滴管会喷水。只有当孩子们了解如何使用这些工具时，教师才可以为他们提供可以装水的容器。

2. 让孩子们用工具将各种容器装满水，而不是仅仅将容器浸在水底来装水。例如，你可以告诉孩子们："在这些工具中找一找，哪一种工具最适合用来给罐子装满水？你想独自完成这项工作还是需要一些帮助？"

3. 给所有孩子留出时间，让他们有机会使用各种工具来装满容器。鼓励他们使用各种工具和容器。

4. 在孩子们工作时与他们进行交谈，例如，可以说："把漏斗放在水瓶的顶部，你可以往里面倒水。我想知道这个工具能不能帮你把水装进这个小药瓶里。嗯，它不太合适。我打赌你可以

科学过程技能

- 聚焦观察

科学词汇

- 最好
- 更好
- 装满
- 工具名称
- 工具

材料

- 巴斯特吸管
- 眼药水滴管
- 漏斗
- 量杯和勺子
- 可重复使用的大小不一的塑料容器（开口从大到小：酸奶杯、水杯或果汁杯、罐子、小药瓶等）
- 筛子（滤网）
- 海绵（用于清洁）
- 戏水台或大而浅的容器

儿童读物

弗兰克·阿施（Frank Asch）的《水》（Water）是一本附有精美插图的关于珍稀的自然资源的故事书。

> **儿童读物**
>
> 瑟斯博士（Dr. Seuss）的《麦克艾利戈特的池塘》（*McElligot's Pool*）一书讲述了一个幻想故事——一个有耐心的人试图在水坑里钓鱼，并且幻想可能会钓到的鱼的样子。

> **主题连接**
>
> **水**
>
> - 给孩子们制作一本书，记录孩子们运水的所有方式和其中可能使用到的所有工具和容器。例如，孩子们在洗澡时会用到什么？孩子们可能会提到水管、水龙头、浴缸和排水管。

> **双语学习者**
>
> 引导正在学习英语的儿童倾听他人对各种工具的讨论。这将会帮助他们识记各种工具的名称。儿童在描述工具的效率高低时，也在示范描述性语言。

> **有特殊需要的儿童**
>
> 如果儿童有听力障碍，那么当你在解释活动时要确保他们可以清楚地看到你的嘴唇。

找到合适的东西，对啦，巴斯特吸管或许可以派上用场。"

简单操作

- 在探索工具期间，每天给孩子们增加一个工具，这个活动称为"了解工具的功能"。鼓励孩子们试用工具。当一天结束后，回顾一下孩子们对这个工具的看法。
- 让孩子们在发现日记中画出他们最喜欢的运水工具。

增加挑战

- 在活动中添加塑料管，孩子们可以通过上下移动管子使水上下流动。

观察和评估儿童的科学学习

- 儿童是否选择了大小合适的装水容器？
- 儿童可以谈一谈他所选的工具是如何工作的吗？

科学课程

　　语言与读写——让孩子们画各种工具。鼓励他们写一写或说一说：他们所知道的最适合特定任务的工具。

　　户外活动——当天气暖和的时候，在室外开展这项活动可能是一种降温体验。

户外活动

测 量 行 动

室外有很多孩子们可以测量和观察的植物。连锁方块是向儿童介绍测量技能的有效工具。将植物和连锁方块放在一起,你就可以有趣而简单地介绍测量的方法。

科学内容标准

儿童将探索如何使用连锁方块来了解植物生长的高度。(生命科学;生物的特性;科学探究)

怎么做

1. 带孩子们去测量。

【安全须知】提前向家长了解儿童是否对户外的植物过敏。

找到一棵植物,使用连锁方块或其他类似的测量工具进行测量。帮助孩子们将方块放在地面上,堆叠到与植物相同的高度。将这些方块放在一起,接着测量另一株植物。

2. 当孩子们测量完各种植物后,帮助他们用堆起来的方块来确定所测量的最高和最矮的植物。让孩子们数数他们用了多少个方块。问:"这些植物的高度相同吗?你是怎么知道的?"

科学过程技能

- 组织和交流观察结果
- 非标准测量——线性测量

科学词汇

- 测量
- 植物
- 植物名称
- 最矮的
- 最高的
- 工具

材料

- 蜡笔
- 图纸
- 连锁方块或其他测量工具

儿童读物

阿诺德·洛贝尔(Arnold Lobel)的《青蛙和蟾蜍在一起》(Frog and Toad Together)一书中,在"花园"这个故事里,蟾蜍种了一些花,并且想让它们成活,蟾蜍想尽办法让它们长大。最后,蟾蜍精疲力竭,不再去照看它们了,而恰巧那时花发芽了。

儿童读物

琼·范·列文（Jean Van Leeuwen）的《小猪奥利弗的更多故事》（More Tales of Oliver Pig）一书中，主人公小猪奥利弗种下了一粒"惊喜"种子，并且等待它长大。它是一粒南瓜籽，需要很长的生长时间，在故事最后，家人都很喜欢吃奥利弗种的南瓜。

主题连接

关于我

- 这项活动可以连接各种主题，帮助孩子们学习和分享关于自己和从周围环境中获取的信息。

季节

- 像这样简单的测量活动会促使孩子们更细致地观察。这个活动也可以帮助孩子们意识到，物体（植物）会随着时间推移而发生变化。

双语学习者

这个活动不需要儿童精通英语。让两个数学能力相当的儿童待在一起。他们之间的互动可以增强他们的沟通技能。

简单操作

- 可以使用纱线测量室内的东西，包括成人和儿童的身高！也可以测量成人和儿童的座椅，对比一下它们有什么不同。

增加挑战

- 让孩子们使用图纸，轮流为测量植物的方块着色。使用纱线这个工具来测量不同植物的高度。然后用不同长度的纱线制作一张显示植物高度的图。

观察和评估儿童的科学学习

- 儿童能使用连锁方块来测量植物吗？
- 儿童能识别出最高和最矮的植物吗？
- 儿童是否知道如何使用连锁方块这个测量工具？

家庭参与

在家庭中开展这个活动会很有趣，也会提高孩子们的测量技能。

第五章 探索工具 | 163

清理杂物

当孩子们玩水时，水会洒出来。同样，玩沙子、鸟食或其他在教室区域里所使用的任何材料，都会出现洒出来这样的状况。让孩子们负责清理，他们将得出自己的结论，知道哪些工具最适合这项工作。

科学过程技能

- 聚焦观察

科学词汇

- 清理
- 工具名称
- 溢出

材料

- 巴斯特吸管
- 扫帚
- 集尘盘
- 量杯
- 勺子
- 海绵
- 橡皮刷
- 毛巾

科学内容标准

儿童将使用适合的工具清理多余的杂物；了解哪些工具最适合用来做哪些特定的工作。（科学与技术）

活动前

投放一些通常后续需要清理的玩具给孩子们玩。你可以在感官桌上放些水或鸟食。玩橡皮泥意味着会有碎屑留在桌面上。为孩子们提供一些使用清洁工具的正当理由。

怎么做

1. 当孩子们结束游戏后，教师说："哇，要忙了，看来我们有一堆杂乱的东西要收拾，你觉得我们应该使用哪个工具？"向孩子们展示所有清洁工具。让他们选择想要用的清洁工具。

2. 和孩子们讨论不同的工具，有哪些工具他们没有选择？为什么？当他们尝试使用海绵清理鸟食时会发生什么？有没有更好的办法？鼓励孩子们观察，当使用扫帚和簸箕清理溢出来的水时会发生什么。

> **儿童读物**
>
> 菲利丝·霍夫曼（Phyllis Hoffman）和萨拉·威尔逊（Sarah Wilson）的《我们一起玩》（*We Play*）是一本学前儿童可以单独阅读的书。"故事"中的孩子们用相互平衡的积木搭建了一个积木结构，并且他们也使用了清理杂物的各种工具。
>
> 阿诺德·洛贝尔（Arnold Lobel）的《小猪》（*Small Pig*）一书讲述的是一只小猪在主人用吸尘器清理了它最喜爱的泥洞后就离家出走的故事。

> **主题连接**
>
> **艺术**
>
> - 花点时间享受混乱的乐趣。让孩子们试着用手指画画、捏泥、玩喷射游戏、玩彩色的纸屑以及任何你能想到的东西。让孩子们为每次的体验想出最好的清洁工具。

3. 当孩子们打扫完房间后，与他们讨论不同的工具是怎么工作的。跟大家一起选出哪个工具做清理工作做得最好。鼓励孩子们描述如何使用各种工具。你可以用语言鼓励他们的行为。
4. 经常重复这项活动，改变孩子们玩耍时使用的材料。让孩子们有机会去清理水、干燥的材料、黏的物品以及他们使用的其他材料。和孩子们讨论不同的工具怎样更好地为不同的任务服务。

简单操作

- 询问孩子们家人用什么样的工具来打扫卫生，孩子们可能会回答：吸尘器和其他电动工具。

增加挑战

- 让孩子们描述他们曾经在幼儿园或学校里看到过的清理杂物的工具。教师使用了什么样的工具？他们还用过什么工具？可以组织孩子们到学校保洁站进行一次短期实地考察，查看打扫教室的清洁设备。

观察和评估儿童的科学学习

- 儿童能够说出哪种工具对清理某种材料的剩余物的效果最好吗？

锤子，锤子，你可以做什么？

这个小组活动让孩子们以一种有趣的方式分享他们的所学所得。确保小组人数足够少，使每个儿童都能参与。

科学过程技能

- 聚焦观察
- 组织和交流观察结果

科学词汇

- 表示动作的词语（如"敲击""拧动""转动""捡起""移动""放置""挤压"）
- 工具的名称
- 用途
- 工具
- 工作

材料

- 各种工具（巴斯特吸管、瓶子、筷子、眼药水滴管、镊子、叉子、漏斗、锤子、量杯、钳子、抹布、擀面杖、儿童剪刀、螺丝刀等）

科学内容标准

在课堂上，儿童将通过玩押韵游戏来学习常用工具的名称。（科学探究；科学与技术）

怎么做

1. 和孩子们坐在一起，收集他们用过的工具。和孩子们谈论他们在活动中如何使用这些工具。例如，你可以说："还记得我们是如何用滴管把水从一个地方移到另一个地方的吗？如何使用海绵和纱布呢？有没有人用过擀面杖？"向他们展示锤子。他们对这个工具了解多少？询问他们："有人之前用过或者见过其他人用锤子吗？"

2. 分享下面的歌谣，与孩子们一起练习，直到他们可以跟唱：

    "锤子，锤子，你可以做什么？"

    "我打赌（儿童的名字）可以告诉你。"

    这时被唱到的儿童应该拿起锤子，说"锤子是用来打东西的"。儿童也可能会模仿使用锤子的动作。当儿童这样做时，教师说："看，杰克正在教我们如何用锤子击球。"然后让儿童把锤子放回工具堆里。

3. 用这种方式来引导儿童认识所有工具，轮流给每

儿童读物

凯茜·伊斯特（Cathy East）和马克·杜博夫斯基（Mark Dubowski）所著的《洞穴男孩》（Cave Boy）讲述了一个喜欢发明的男孩的故事。在他有趣的发明中，他建造了一辆三轮车，用一根棍子和一块石头创造了被他称为"巴莫尔"（bammer）的锤子一样的工具，并且演示了它的用法。

主题连接

"做手工""工具"或"新发明"

- 孩子们能够创造出什么样的新物品和新发明?孩子们会给他们的发明起什么名字?孩子们可以进行头脑风暴,想出他们需要的之前没有见过的物品,然后把他们的创作想法画下来并贴上标签。
- 给孩子们提供各种拼贴和可重复使用的材料,邀请孩子们使用材料制作自己发明的模型。

双语学习者

当这些儿童参加这项活动时,他们可能会喜欢和大家分享母语。

有特殊需要的儿童

通过这项活动,有运动障碍的儿童将让自己的手臂、手掌和手指通过操作得到锻炼。

个儿童一次机会。这项活动可以鼓励孩子们用语言表达如何使用工具。如果有必要,那么教师可以帮孩子们想出描述使用工具的其他动词。

简单操作

- 问问孩子们在学校里最常用的工具是什么。将所有常用工具的名称打印在卡片上。让孩子们相互拍下使用工具时的照片。将每张照片与卡片、工具进行匹配。

增加挑战

- 建立一个工具展览馆,可以向家长、朋友、学校保洁人员借些工具。孩子们思考他们应该如何对工具进行分类和展示。展览馆里通常有标志和标签。让孩子们负责制作他们所需要的东西。当孩子们完善好场馆后,教师可以邀请他们的家长或其他班的同学来参观。

观察和评估儿童的科学学习

- 儿童能描述或展示各种各样的工具的用法吗?

击倒它

科学过程技能

- 聚焦观察
- 组织和交流观察结果

科学词汇

- 保龄球
- 容易
- 困难
- 重
- 更重
- 轻
- 更轻

材料

- 各种型号的球、积木和其他用来打翻瓶子的物体
- 漏斗
- 标记
- 海报板
- 沙子
- 容积为1升和2升的瓶子若干

可重复使用的材料非常适合做儿童的保龄球。让孩子们为游戏寻找适合的材料。

科学内容标准

儿童将体验能够把物体打翻的工具；学习如何使用工具，并且描述哪个工具最好用。（物理科学——力与运动；科学与技术）

活动前

往瓶子里填充不同量的沙子。（使用漏斗）

怎么做

1. 向孩子们展示如何往瓶子里装不同量的沙子，同时，向孩子们展示一系列可以把瓶子打翻的物体。然后将若干瓶子竖直摆放成一个三角形，就像保龄球馆里的保龄球一样。

2. 向孩子们演示如何滚动或滑动手里的物体来击倒瓶子。一定要向孩子们强调：要滚动或滑动物体，而不是扔出去。

3. 让孩子们用各种各样的物体来击倒瓶子。之后讨论发生了什么："哪些物体更好用？有些瓶子比其他瓶子更容易被打翻吗？有没有很难被打翻的瓶子？"

简单操作

■ 对于某些孩子，可以先从击倒3个聚集的空瓶子开始。一旦他们懂得如何把瓶子击倒并体验过成

功之后，教师就可以用更重的瓶子挑战他们。

增加挑战

- 有些孩子可能会通过计算连续两次出击所击倒的瓶子的数量来获得分数，就像真正的保龄球手一样。

观察和评估儿童的科学学习

- 儿童是否能够告诉你或向你展示哪些物体击倒的瓶子最多？
- 儿童是否能够告诉你哪些瓶子最容易被击倒，哪些瓶子最难被击倒？

科学课程

数学——在这项活动中，孩子们用大型图表来收集和分析数据，展现被击倒的瓶子的数量。

音乐——当用棍子敲击瓶子时，完全或部分装满沙子的可回收塑料瓶会发出有趣多变的声音。当孩子们玩保龄球玩累了时，教师可以邀请他们用这些瓶子敲击出节奏和鼓点，聆听瓶子发出的声音。孩子们能听出装了少量沙子的瓶子的声音和装满沙子的瓶子的声音之间的区别吗？

儿童读物

在凯茜·伊斯特和马克·杜博夫斯基所著的《洞穴男孩》（*Cave Boy*）一书中，洞穴里的男孩哈利是一个发明家。他创造了一只鼓、一个轮子和许多其他的东西。他的发明甚至可以让脾气暴躁的酋长微笑。

主题连接

我们的环境

- 这项活动可以与有关游戏和回收利用材料的调查研究相连接。

检查要点：探索工具

工具洗牌

探索工具

科学过程技能

- 聚焦观察
- 观察分类
- 组织和交流观察结果

科学词汇

- 各种工具的名称
- 使用各种工具的过程中用到的词语

材料

- 小塑料工具盒（或一个贴有"工具箱"的塑料桶；这是盛放运输工具的安全容器）
- 各种各样的工具（一些是传统工具，如刮冰机、勺子、铲子、螺丝刀、锤子、钳子、扫帚、海绵、桶或漏斗；还有一些是人造工具，如圆木、硬纸管或者普通的木头）

这个游戏可以在室内玩，但最好在室外进行。当孩子们对工具和用法有一些了解后，他们应该得到相应的实践锻炼。这个活动适合以小组的形式开展，确保每个儿童都可以参加并且不用等待太久。

科学内容标准

给儿童提供使用各种工具的机会，邀请他们玩本节中的游戏，并且通过以下方式解释或展示各种常用工具的功能。

- 工具的特定用途。
- 人们制造工具来完成特定的任务。（科学与技术）

怎么做

1. 摆出各种各样的工具和孩子们可用来当作工具的物体。向孩子们展示这些物体，与他们讨论所有这些物体如何发挥不同的作用并帮助我们完成工作。

2. 在孩子们使用工具前告诉他们，他们有一些特殊的工作要做。说出工作后，让儿童思考使用什么样的工具可以完成这项工作。让儿童依次去拿他认为最适合那份工作的工具，并把它放在工具箱里，用假装"正在工作中"的步伐小心翼翼地走回去。（这是一种安全策略。当孩子们用工具工作或完成制造活动时，要像真正的工作者一样，必须非常小心。）

3. 描述另一项工作。它可以是完全虚构的，也可以是需要完成的实际课堂作业，这将使任务更加真实（游戏也更加有趣）。例如，撒一些锯末，让孩子们选择合适的工具来清理。如果没有实际的任务，那么孩子们可以假装有工作要做。

4. 持续活动，让每个儿童至少参与一次。

观察和评估儿童的科学学习

- 观察儿童拿起的工具是否适用于你所描述的工作。如果孩子们在选择合适的工具时遇到了困难，那么教师可以和儿童谈谈他选择的工具。例如，一个孩子选择锤子来拧螺丝，可能是因为他在家里看到过，或者他认为锤子比螺丝刀更好用。如果儿童不确定钉子和螺钉之间的区别，那么教师可以跟他们讲一讲它们之间的区别。

第六章
玩水活动

科学概念

本章将探讨以下科学概念:

1. 水可以改变形状;

2. 有许多不同的液体存在;

3. 水凝固时会变成固体;

4. 一些物体会漂浮在水中,一些物体会沉入水中。

引　言

水是一种安全、便宜的材料,是探索液体的理想材料。本章的活动要求儿童在有趣和发人深省的氛围中发现水的特性。参与其中,接受儿童的想法和理论。儿童如果以后想要理解物质的存在形式(固体、液体、气体)的概念,就需要有充分的接触液体的经验。让我们来看看儿童在本章的活动中对水和其他液体有什么发现。

准备

在探索区或教室里其他适当的地方放置以下能够有效显示水的特性的材料和其他有趣的物品,供儿童在自由探索时间进行探究:

- 水;
- 水桶和洗碗盆;

- 胶头滴管；
- 纸巾、毛巾、海绵和报纸；
- 各种尺寸和形状的容器，包括软饮料瓶和类似的塑料容器；
- 漏斗；
- 量匙和量杯；
- 药杯（用于分配药品的30毫升的杯子）；
- 医用滴管或吸量管；
- 勺子；
- 注射器；
- 蜡纸。

自由探索

通过和儿童谈论他们所知道的关于水的所有事情开始自由探索，在第一个活动开始之前，根据儿童已经知道的关于水的知识，制作一张班级发现表。你可以问这样的问题："我们用水做什么？我们在哪里可以找到水？有没有水可以做而其他东西不能做的事情？"让儿童进行头脑风暴，想一想他们起床后使用水的所有方式：刷牙、给小狗喂水、洗碗、洗手等。要求儿童想出尽可能多的词语来描述水，并将这些词写在发现表上。在儿童研究水的整个过程中，教师将发现表张贴在教室里，并不时地询问儿童是否愿意在发现表上添加信息或改变其中的任何信息。

向儿童介绍他们将在玩水活动中使用的材料。如果有需要特别注意的材料，可以和儿童进行讨论。在桶或洗碗盆的下面铺上报纸，用来吸收不可避免溢出的液体。准备好毛巾，这样儿童就可以很容易地进行清理，能够自己管理和打扫探索区了。

现在是时候开始制作这项探究的发现书了。你可能想制作多本发现书，每本书涉及一个特定的活动，或者制作一本有图画和说明文字的通用书来展现儿童正在学习的关于水的知识。无论哪种方法都可以，就像制作两种类型的发现书。儿童也可以在自己的发现日记中画画、书写或口述他们所做的和观察到的事情。

艺术伙伴：和雨一起创作

对孩子们来说，墙画总是有趣的。教师可以组织整个班级参与一次室内（外）合作性的创意艺术探险。由于这项活动需要一场小雨的配合，因此教师一定要提前查看活动开展当天的天气预报。

科学过程技能

- 聚焦观察

科学词汇

- 创造
- 墙画
- 伙伴
- 雨
- 潮湿的
- 干燥的
- 颜料

材料

- 彩色粉笔
- 彩色铅笔
- 蜡笔
- 胶棒
- 大张的墙纸（或者用来盖桌子的可粘贴的画板纸）
- 薄纸（多种彩色和白色的纸）
- 水彩颜料
- 记号笔

科学内容标准

儿童将观察：当水以雨的形式出现或被洒水车喷洒出来时会改变形状并导致他们使用的一些颜料漂走。（物理科学——物质的特性）

活动前

将一张长长的墙纸铺在地板上或一张坐在轮椅上的儿童可够得着的长桌子上。摆一张桌子，放上不同的艺术材料。

怎么做

1. 和孩子们谈论如何将艺术材料与水结合起来使用。他们还记得使用过水彩颜料吗？向孩子们展示，当你用湿画笔描水彩笔画的线条时，这些线条是如何变化的。向孩子们展示，当你用湿画笔描蜡笔线条时，它们的变化不大。

2. 跟孩子们说，比如："我们都将作为伙伴一起工作，帮助彼此创作这幅墙画。你觉得还有谁能成为我们的艺术合作伙伴？你觉得雨会成为你的艺术伙伴吗？让我们试一试！我们先尝试一下。接下来我们会看到下雨时会发生什么。"鼓励每个孩子选择一两种艺术材料，为墙画做出

> **儿童读物**
>
> 王·赫伯特·伊（Wong Herbert Yee）的《谁喜欢雨？》（Who Likes Rain？）一书中讲述了一个小女孩在四月的细雨中漫步的故事。

自己独特的贡献。让孩子们以任何他们喜欢的方式去玩和创作。

3. 在所有孩子参与后，让墙画晾干，并给孩子们的作品拍一张数码照片。现在该下雨了！
4. 把墙画拿到室外，放在铺好的地方或草地上（避免泥泞或有深水坑的地方）。在墙画边缘放置石块以确保墙画不会被风吹走。和孩子们谈谈他们预测雨将如何改变墙画。把孩子们的预测写在图纸上。
5. 让墙画在小雨中短暂地淋一下后，将它放回教室晾干。
6. 让孩子们描述他们所看到的现象。说："看看你和你的雨伙伴所创造的作品，我们的墙画有变化吗？"向孩子们展示墙画被雨淋前的照片，帮助孩子们注意到不同画笔画出来的画因雨而发生的不同变化。让孩子们在墙画变干的过程中不时地检查它，看看它是否会继续变化。

简单操作

- 在纸上撒上粉末状的蛋彩颜料，下雨的时候它会发生什么？如果天气预报说没有雨，那么教师可以试着给它喷水，引导儿童观察它的变化。

增加挑战

- 人行道能成为艺术伙伴吗？让孩子们用蛋彩颜料或其他可水洗的、无毒的颜料在人行道上画画，然后用纸把孩子们的作品印出来。由于混凝土的影响，这些版画上会出现纹理。

观察和评估儿童的科学学习

- 儿童能描述出雨水是如何改变艺术作品的吗？

> **主题连接**
>
> **颜色**
>
> - 当孩子们在探索颜色、天气和艺术家时，这是一个很好的可以选择的活动。
>
> **季节**
>
> - 在许多地方，雨是春季的象征。还有什么迹象可以表明春天已经到来？

冰 的 颜 色

科学过程技能

- 聚焦观察

科学词汇

- 改变
- 颜色
- 干燥的
- 感觉
- 冰
- 融化
- 混合
- 观察
- 触摸
- 湿的

材料

- 食用色素
- 冰块托盘
- 用来放置冰块的手套或毛巾（可选）
- 海绵或毛巾（用于清洁）
- 白色美术纸或其他吸水纸

儿童读物

埃兹拉·杰克·基茨（Ezra Jack Keats）的《下雪天》（The Snowy Day）是一个经典的故事，讲述了当彼得在雪地里玩耍的时候，一个雪球成为彼得口袋里的一个湿点的故事。

许多孩子的嘴唇因为吃了冰块而变色。他们很快就认识到冰可以被用作水彩画工具。观察纸在晾干的过程中的颜色变化也很有趣。

科学内容标准

儿童将在水彩画中使用冰块，观察冰在融化时其形状的变化。（物理科学——物质的特性）

活动前

在和孩子们一起开展这个活动前，教师先试着做一次，就会知道颜色需要多浓才能在纸变干后保持可见。用食用色素着色的水将冰块托盘填满并冷冻。使用多种颜色。如果有可能，让孩子们帮忙把食用色素混入水中。然后把水倒进冰块托盘里。

怎么做

1. 把冰块放在一个托盘或大蛋糕盘中。对孩子们说："让我们假装这些不是冰块，而是冰冻蜡笔。如果我们用它们画画，那么你们认为将会发生什么？你们觉得我们的手指会有什么感觉？我想知道它们会留下什么样的痕迹。"

2. 给每个孩子2~3个彩色的冰块。让孩子们享受在纸上滑动冰块的乐趣。鼓励孩子们谈论他们所看到的现象。谈谈坚硬的冰是如何融化成水的。大声地问问孩子们是什么让这一切发生的："水和冰块的颜色一样吗？你们注意到新出现的颜色了吗？"如果儿童感觉手指太冷，那么教

儿童读物

由简·布雷特（Jan Brett）写的《三只熊》（The Three Bears）一书讲述了一名金发姑娘搬到冰雪覆盖的因纽特土地上的故事。

主题连接

颜色

- 这个活动为孩子们探索和组合颜色提供了一种很好的方式。

季节

- 把这个活动融入季节的主题中。在冬天，雪和冰是常见的材料。在夏天，冰可以帮助我们降温。

点心与烹饪

- 用果汁制作可食用的冰块零食。

双语学习者

说出孩子们处理的每一块冰的颜色，以及孩子们将最初的颜色混合在一起时所创造的颜色的名称。

师可以考虑给他们纸巾或旧手套来拿冰块。

3. 和孩子们谈论冰的感觉以及它是如何改变纸的感觉的。当冰块融化或孩子们的手感觉到太冷时，教师把纸放在一边晾干。
4. 与孩子们讨论他们认为自己的纸在晾干时会如何变化。询问："你认为颜色会发生什么变化？"
5. 当纸变干后，和孩子们讨论他们看到了什么。

简单操作

- 在室外用白色的床单重复这一活动。

增加挑战

- 让孩子们挑战画出冰的颜色的等式：一个蓝色的冰块加一个红色的冰块等于一个紫色的冰洞。

观察和评估儿童的科学学习

- 儿童能描述冰变暖时会发生什么吗？
- 儿童能描述湿纸和干纸的区别吗？
- 儿童注意到了颜色在融合吗？

科学课程

户外活动——把有颜色的水放在蛋糕盘、塑料盆和其他容器中冷冻。当它们被冻成固体时，将它们脱模，让孩子们用它们做雕塑。为孩子们提供一个喷水壶来帮助他们把形状"粘"在一起。在冬天，如果室外的水会结冰，那么这将是一次很有趣的活动。当天气热的时候，用冰块来降温也将是不错的体验！

下了多大的雨？

户外活动

科学过程技能
- 聚焦观察
- 组织和交流观察结果

科学词汇
- 深的
- 较深的
- 深度
- 测量
- 雨
- 降雨量
- 浅的
- 较浅的
- 天气

材料
- 蜡笔或记号笔
- 人造黄油桶、咖啡罐或各种容器
- 压舌板或工艺棒

雨是一种常见的、容易让孩子们观察到的水的形式。测量暴风雨的降雨量为孩子们提供了一个在更近的距离观察雨的机会。

科学内容标准

当儿童观察雨时，他们会发现水可以根据盛水的容器来改变形状。（物理科学——物质的特性）

儿童将测量降雨量。（非标准测量——线性测量）

怎么做

1. 在预报有雨的日子，带孩子们到室外，将容器放在建筑物周围的空地上。
2. 当雨停后，带孩子们到外面看容器。将压舌板放在容器内，用记号笔或蜡笔标记雨水的深度，帮助孩子们测量每个容器内的降雨量。
3. 当孩子们比较这些容器时，看看他们能否注意到所有容器内的雨水深度大致相同。你也可以帮助他们注意雨水的形状与它所在的容器的形状相同。

简单操作

- 雨后，带孩子们到外面去找水坑。大水坑很容易被找到。孩子们能找到小水坑吗？

增加挑战

- 在雨季，测量每天的降雨量并制作发现表来记录结果。这项活动让孩子们有机会谈论雨和风

第六章 玩水活动 | 179

> **儿童读物**
>
> 维娜·阿德姆（Verna Aardema）的《把雨带到卡皮蒂平原》（Bringing the Rain to Kapiti Plain）、比尔·马丁（Bill Martin）的《听雨》（Listen to the Rain）和卡伦·赫瑟（Karen Hesser）的《来吧，雨》（Come on Rain）通过吸引人的故事和插图来赞美雨的重要性。

暴（对一些孩子来说是可怕的经历）。鼓励孩子们分享他们的经历和感受。

观察和评估儿童的科学学习

- 儿童能描述他所观察到的现象吗？
- 儿童是否注意到，无论容器的形状如何，每个容器里的雨水的深度都一样？

科学课程

数学——在这个活动中，孩子们比较了不同容器中水的深度。

这是本书中众多的活动之一（例如，可参考本书第89—90页的"你能跳多远？"以及第232—233页的"树影"），可以作为测量调查的一部分。孩子们还可以测量户外的哪些物体？

户外活动——在冬天的暴风雪过后，带孩子们到户外，把尺子插在雪地上测量雪的深度。把雪放在各种形状和大小的容器里，邀请孩子们观察雪融化的过程。

家庭参与

鼓励家长带儿童用家中可回收的容器制作雨量计，以巩固儿童在这项活动中获得的经验。

使用博物馆和社区资源

收听广播和电视的天气预报，了解播报的降雨量是否与孩子们测量的相似。把这些信息带到课堂上，和孩子们讨论导致不同结果的可能因素。

> **主题连接**
>
> **我和我的世界**
>
> - 当孩子们学习和探索他们的世界时，这项活动是一个自然的选择。

漂浮物和沉底物

科学过程技能

- 观察分类

科学词汇

- 漂浮物
- 上浮
- 底部
- 漂浮
- 重的
- 轻的
- 下沉

材料

- 纸和记号笔（做标记）
- 海绵（用于清扫工作）
- 各种会下沉或漂浮的东西（如塑料计数器、贝壳、一个土豆、一个橘子、一块积木、橡树果实、树枝等）
- 戏水台或装满水的浅而大的容器

这个活动提供了一种新的研究沉和浮的概念的方法。这一次，孩子们不再把所有物体放在水面上来观察它们会沉下去还是会浮在水面上，而是把物体放在盛有水的容器的底部，然后松开。"漂浮物"会浮到水面上，而"沉底物"会留在底部。

科学内容标准

儿童将对漂浮和下沉的物体进行分类，并描述他们手上的漂浮物的浮力。（物理科学——物质的特性；物理科学——力和运动）

活动前

做两个标牌，一个写"漂浮物"，另一个写"沉底物"。考虑添加水面上的物体和沉入水底的物体的简单插图，以帮助孩子们辨认这两组物体。

怎么做

1. 向孩子们展示你收集的物品。说："我们将成为科学家，做一个特别的测试，把这些东西进行分类。"

2. 选择一个漂浮物和一个沉底物，把它们放入水中，两手各按一个。当孩子们观看时，释放这两个物体。问："发生了什么？这一个上浮到水面，我们把它放在写着'漂浮物'的标牌旁；把留在底部的那个物体放在'沉底物'的标牌旁。"

3. 请一个孩子挑选一些东西放在盛水容器的底部。

第六章 玩水活动 | 181

> **儿童读物**
>
> 卡雷尔·海斯（Karel Hayes）所写的《幸运的龙虾浮标的神奇故事》（*The Amazing Story of Lucky the Lobster Buoy*）讲述了一个特殊的浮标冒险的故事。

问："你感觉到它在推着你的手，还是它只是停在底部？你认为它会上浮到水面还是会留在下面？你的手在告诉你什么？好的，把你的手移开。看看会发生什么？它是一个漂浮物还是一个沉底物？"让孩子们把物体放在正确的标牌旁。

4. 根据盛水容器的大小，2~4个孩子可以在同一时间将漂浮物和沉底物进行分类。

5. 在杂乱的材料区留下一堆物体和一盆水。鼓励孩子们继续探究哪些物体是漂浮物，哪些物体是沉底物，并把它们放在适当的组别中。

简单操作

- 制作一张表，一边是漂浮物，另一边是沉底物。让每个孩子每测试一个新物体，就按照测试结果将其放在正确的标牌旁或画在表的正确位置。

增加挑战

- 根据制作的漂浮物和沉底物的两列表，问孩子们哪一列的物体数量最多。

观察和评估儿童的科学学习

- 儿童能准确地将物品分组并摆放吗？
- 当儿童按住一个物体的时候，请儿童预测这个物体会保持在底部还是会向上浮到顶部。儿童应该把物体的浮力作为预测物体沉浮的因素。

科学课程

数学——在这个活动中，孩子们把物体分为两组：一组物体浮在水面，一组物体留在水下。

户外活动——这是一项很好的户外活动，教师在户外不用担心溅起的水花。孩子们在户外能找到多少个漂浮物和沉底物呢？孩子们能在室内或室外找到更多的漂浮物吗？

在小水池或盛水容器底部放置几块磁铁。将一块磁铁系在鱼竿上的绳子末端。把一个小浮标绑在绳子的末端，如果绳子上的磁铁被池子底部的磁铁吸引，浮标就会被拉到下面。儿童可以用来玩钓鱼游戏！

家庭参与

邀请使用鱼漂捕鱼的家长前来，向全班儿童展示他们的鱼漂，并分享他们如何使用鱼漂捕鱼。

把它带到船上

科学过程技能

- 聚焦观察
- 观察分类
- 非标准测量——质量测量

科学词汇

- 在……上
- 漂浮
- 重的
- 大的
- 轻的
- 沉没
- 小的

材料

- 孩子们可以在罐子或容器中放置不同重量的材料（如塑料或木制勺子、石头、钓鱼用的渔坠、软木塞和金属垫圈）
- 带盖的塑料容器
- 带盖的小塑料瓶
- 戏水台或装满水的浅而大的容器

当物体被放在漂浮的罐子"船"上时会发生什么？孩子们可以将使他们的船沉下去的物体与使他们的船漂起来的物体进行比较。

科学内容标准

儿童会观察重物对他们的船的影响，同时他们会对浮在水上或沉在水中的物体进行分类。（物理科学——物质的特性）

怎么做

1. 在孩子们面前把一个封闭的塑料瓶放在水面上。谈论漂浮问题。问："你有漂浮在浴缸里的玩具吗？当你把你的青蛙按到水底部时会发生什么？它马上就会弹起来。安娜，试着把瓶子按到底部。当你放手时会发生什么？它弹起来了！让我们假设这是一艘船，我们要看看它在不沉没的情况下能装载多少东西。"

2. 揭开盖子，在罐子里放一个又大又重的物体。说："让我们看看当我们把这个东西带到船上时会发生什么。"该物体不应重到使罐子沉没，但它会使罐子在水中的位置明显降低。让孩子们谈论他们所看到的现象。

3. 选择一个较重的物体，一个能使罐子下沉的物体。重复将罐子放入水中的过程。谈谈会发生什么：它太重了，船沉没了。

4. 让孩子们用更多的物体和容器进行探索。问："哪些物体可以使罐子船浮在水面，哪些物体会

> **儿童读物**
>
> 在杰里·帕洛塔（Jerry Pallotta）的《关于船的字母书》（*The Boat Alphabet Book*）一书中，有趣的文字和清晰精确的插图讲述了关于船的一切。
>
> 在许多的经典故事中，帕梅拉·艾伦（Pamela Allen）的《谁弄沉了船？》（*Who Sank the Boat？*）为我们呈现了关于沉浮的幽默故事。

使船沉下去？"让孩子们把这些物体分成两类。讨论各组物体的大小、重量和其他特征。问："哪些物体会让我们的罐子船沉没？"

简单操作

- 孩子们能否找到那些自己放在水中会下沉，但放在罐子里会浮起来的东西？

增加挑战

- 只用沙子或水作为测试的物体。在相同的瓶子里加入不同的量。放置多少沙子（水）才能使罐子下沉？让孩子们去记录他们在罐子里放了多少勺沙子。

观察和评估儿童的科学学习

- 儿童能否意识到物体越重，越有可能使"船"沉没？

科学课程

戏水台——收集一些小船供孩子们探索，提供材料让他们制作自己的小船。

家庭参与

让孩子们的家人送一些透明的塑料瓶和带盖子的塑料容器，这样孩子们就可以进行更多的实验。

> **有特殊需要的儿童**
>
> 患有广泛性发育障碍和自闭症谱系障碍的儿童在参与活动之前，先在戏水台旁边站一两分钟，观察教师和其他儿童的行动，可能会感到更舒服。

冻结它

你可以用多少种方法压扁一个气球，你又如何使它保持这种状态？这个活动是对液体变成固体然后又变成液体的探索。

科学内容标准

儿童会把许多装满水的气球冷冻起来以观察水在结冰后改变形状的现象。（物理科学——物质的特性）

怎么做

【安全须知】在进行这项活动之前，请确保没有对乳胶过敏的儿童。

1. 帮助孩子们用漏斗把气球装满水。（要注意水龙头的水压，不要让气球装得太满！）把气球系好。让孩子们用纱线、绳子、橡皮筋、扭扭棒和其他他们能想到的东西来改变气球的形状。考虑让孩子们在洗碗盆或托盘上进行这部分活动，以控制任何溢出或泄漏的水。

2. 当每个孩子完成"雕刻"气球的任务时，教师在上面贴上儿童的名字，并将所有气球放在一个冰箱里。问："你认为你的气球雕塑会发生什么？"把孩子们的想法写在发现表上。

3. 当气球里的水结冰后，把气球从冰箱里拿出来并把它们还给孩子们。帮助孩子们移除气球和其他材料，使冰块露出来。与孩子们讨论：水是一种液体，现在变成了冰，冰是一种固体。现在它有一个明确的形状。问："现在瓶子还能装下这些水吗？"

4. 请孩子们在他们的发现日记中画出他们的冰块

科学过程技能

- 聚焦观察
- 组织和交流观察结果

科学词汇

- H_2O
- 液体
- 形状
- 形状词
- 固体
- 容积
- 水

材料

- 气球（小）
- 冰箱
- 漏斗
- 扭扭棒（用胶带包住尖锐的两端）
- 水罐
- 橡皮筋
- 细绳
- 毛巾
- 托盘或洗碗盆
- 水
- 纱线

> **儿童读物**
>
> 阅读凯瑟琳·霍拉伯德（Katherine Holabird）和海伦·克雷格（Helen Craig）的《安吉丽娜溜冰鞋》（Angelina Ice Skates），在室内腾出一些空间建一个溜冰场。让孩子们穿着袜子溜冰。他们能像安吉丽娜那样旋转吗？

> **主题连接**
>
> **四季**
>
> - 这项活动非常适合以冬季为主题的活动。如果可能，到户外制作某种形状的冰块。
>
> **形状**
>
> - 圆形、三角形和正方形是规则的形状。孩子们在"冻结它"的活动中制作的形状是不规则的。挑战孩子们，让他们帮助你找到制作规则形状的冰块的方法。问："我们可以用什么来做模具？"

> **有特殊需要的儿童**
>
> 　　有运动障碍的儿童可能需要帮助以将水倒入漏斗并将各种材料绑在气球上以形成形状。

的形状并做上标记，以备不时之需。问："当空气变暖时，冰会发生什么变化？它还能保持原形吗？"

5. 把孩子们的雕塑放在洗碗盆里，这样孩子们就可以观察：随着时间的推移，冰块会发生什么变化。

简单操作

- 将果汁冷冻成各种形状，制成果汁汽水。果汁的结冰过程是否像水一样？

增加挑战

- 把湿布料放在各种形状的物体上进行塑模，把布料的底部打开。冻结它们并取出物体。与孩子们讨论什么使布料保持形状。孩子们能看到使布料保持其形状的非常薄的冰吗？观察一下，在冰融化之前，这些布料的形状能保持多长时间。问："这些布料上的冰融化的时间比气球形状的冰融化的时间长还是短？"

观察和评估儿童的科学学习

- 儿童的日记是否反映了他对液体改变形状的现象的理解？
- 儿童能解释水在结成冰时其形状能够保持，但当它是液体时其形状不能固定的原因吗？

科学课程

　　户外活动——你如果住在一个寒冷到足以使水结冰的地区，那么可以让大自然为你做冰冻工作。你会有更多的空间，可以做出更大的形状。可以考虑将冰冻的形状系在绳子或毛线上，建造一个户外冰车。

弹珠捕手

如何在不捕获水的情况下捕获水下的弹珠？这个活动让孩子们有机会尝试，在杯子上打洞就可以使杯子捕获弹珠，而把水留下。

科学过程技能

- 聚焦观察

科学词汇

- 滤网
- 排水器
- 洞
- 戳
- 筛子

材料

- 滤网或者意大利面条滤水器
- 弹珠（或小熊计数器、塑料方块或其他小物品）
- 各种大小的钉子
- 各种尺寸的纸杯
- 护目镜
- 筛子或过滤器
- 海绵（为了清扫工作）
- 戏水台或装满水的浅而大的容器

科学内容标准

儿童将观察到，当水从小孔中涌出时，其形状会发生变化；观察到有些物体会漂浮在水面上，有些物体会沉下去。（物理科学——物质的特性）

活动前

【安全须知】如果你担心孩子们用钉子来制作自己的弹珠捕手，那么你可以提前制作各种弹珠捕手，跳过第二步。

怎么做

1. 向孩子们展示筛子和滤网，问他们是否曾经见过有人使用这些物品。孩子们可能会提到，看到有人用它们来沥通心粉和奶酪。谈论通心粉是如何留在上面而水是如何流出来的。问问孩子们，如果他们把水倒进筛子或滤网会发生什么。孩子们可能会说"它们会漏水"或"水会流出来"之类的话。把水倒进筛子或滤网，让孩子们看看会发生什么；就像孩子们预测的那样，水会改变形状，从孔里流出来。

2. 告诉孩子们，他们要做弹珠捕手——弹珠会留在里面，水会流出来，就像通心粉留在筛子里一样。拿出几个纸杯。告诉孩子们如何把纸杯

> **儿童读物**
>
> 莉萨·舒尔曼（Lisa Shulman）的《老麦克唐纳有一家木工店》（*Old MacDonald Had a Woodshop*）向孩子们展示了使用钉子的另一种方法，并配有声音效果。
>
> 戴维·威斯纳（David Wiesner）所著的《漂流品》（*Flotsam*）是一本无字书，曾获得凯迪克奖，展示了隐藏在水中的惊喜。

倒过来，用钉子在纸杯的底部和侧面戳洞以制作他们的弹珠捕手。让孩子们戴上安全护目镜，小心地把钉子钉进纸杯。鼓励孩子们尝试不同的纸杯和不同大小的钉子。在必要时教师可提供帮助。

【安全须知】当孩子们用钉子或其他任何尖锐的物体在纸杯上戳洞时，要密切观察他们。确保在孩子们用完后立即收回所有的钉子。

3. 在戏水台的底部放置几个弹珠。向孩子们展示如何使用弹珠捕手从水面下捡起弹珠。举起杯子，让水从孔中流出，杯子里只留下弹珠。与孩子们讨论不同杯子的排水方式，以及孔的大小和数量对排水过程的影响。孩子们是否认为有些杯子比其他杯子好用？孩子们能不能让自己的捕手工具更有效地工作？

4. 给孩子们一些时间，通过增加更多的孔或使用不同的钉子来完善弹珠捕手。孩子们可能想做新的捕手。（如果你负责制作捕手，那么请按照孩子们的指示重新制作或改进他们现有的捕手。）给孩子们充足的时间去探索。弹珠捕手的底部是否需要更多的孔？也许他们需要在边上加几个。孩子们能想到用他们的捕手捕捉其他东西（如一些防水的塑料玩具熊或者青蛙计数器）吗？

简单操作

■ 提供一系列的筛子、滤网、漏勺，以及杯子、勺子、小的塑料容器和罐子。让孩子们把它们分为能装水的工具和不能装水的工具。让他们测试他们的预测以判断他们的预测是否正确。

> **主题连接**
>
> **颜色**
>
> - 将各种颜色的物品放入水中，让孩子们挑战用"颜色捕手"对它们进行分类。
>
> **工具**
>
> - 用连裤袜和衣架帮助孩子们制作另一种工具——撇渣器。将衣架拧成菱形。将钩子弯曲，形成一个手柄。用连裤袜包裹衣架。将连裤袜拉向钩子，用胶带将钩子、连裤袜等所有东西包裹起来，形成一个手柄。孩子们可以用这个新工具来撇掉水面上的漂浮物。

第六章 玩水活动 | 189

有特殊需要的儿童

对于患有自闭症谱系障碍的儿童,这项活动鼓励他们以可预测的方式积极参与活动并与班上的其他儿童互动。

增加挑战

- 让孩子们数一数他们在每个勺子里捞到的弹珠数量。为孩子们制作一个图表,记录他们在第一个、第二个和第三个勺中抓到的弹珠数量。

观察和评估儿童的科学学习

- 儿童是否理解,在他的弹珠捕手上打更多的孔或更大的孔会使水更快地流走?

科学课程

数学——在这个活动中,孩子们可以计算他们在杯子里抓到的弹珠的数量。

快速检查：玩水活动

水变成冰又变成水

虽然这个活动可能很简单，但它给我们提供了一种很好的方式来观察孩子们在多大程度上理解了冰和水实际上是同一种物质。为了使这一科学事实更清楚，可以让水在同一个容器里结冰然后融化。

科学内容标准

儿童将能够观察到同样的水融化和结冰的现象；描述水在经历从液体到固体的各个阶段时将如何改变形状。（物理科学——物质的特性）

怎么做

1. 把你收集的"冷冻物品"倒出来，让孩子们有机会去探索各种各样的东西。鼓励孩子们分享他们所知道的冰和冰冻物。想想如果孩子们把这些宝物冻在冰里会发生什么。然后让每个孩子选择要冷冻的东西。
2. 在几个塑料杯里加入一部分水，给每个孩子一个塑料杯。
3. 让孩子们把物品投进杯子底部。收集所有的杯子并把它们放在冰箱里过夜。
4. 第二天早上，把杯子拿出来给孩子们看。与孩子们谈谈他们的观察结果。问："水发生了什么变化？他们投进杯子里的物品发生了什么变化？它们都被冻在冰里了！"

科学过程技能

- 聚焦观察
- 组织和交流观察结果

科学词汇

- 冻结
- 液体
- 固体
- 融化

材料

- 有趣的收藏品（"可冻结物品"），这些物品（如水晶、明亮的硬币、五颜六色的石头和几乎会沉底的硬塑料蜘蛛）会沉入水杯中而不会溶解
- 透明的小塑料杯

5. 向孩子们展示他们困在冰里的宝物。问孩子们如何取回他们的宝物。他们有什么想法吗？他们可能会谈到在冰上浇热水的办法。有些儿童可能见过家人在结冰的人行道上撒盐来融化冰。孩子们可能会建议用锤子将冰砸碎。告诉孩子们："这一次，我们等待即可，看看我们的冰需要多长时间才能自己融化。"

近距离观察

展示——给儿童一杯冰，让他把杯子放在房间的某个地方：窗边、架子上或戏水台里。让儿童在注意到冰的变化时告诉你。

描述——与儿童讨论如果把杯子留在外面，冰会发生什么变化。儿童应该提到，冰最终会变回水，释放出冻在冰里的宝物。鼓励儿童经常报告自己杯子里的情况。

绘画——鼓励儿童画出他对当宝物被冻在冰里时会发生什么的想法。还可以考虑在一张纸上为儿童画几个杯子，让他在杯子上画出当冰融化时他定期检查杯子时看到的情况。

书写——让儿童拿着他的杯子，把它放在房间的不同地方，如阳光下、书桌下或暖气片顶部。鼓励所有儿童这样做。让每个儿童定期在房间里走动，看看每个人杯子里的冰发生了什么。让每个儿童在自己的发现日记中画出或写下他的观察结果。或者，他可以向你报告他的发现，让你记录在发现表上。

观察和评估儿童的科学学习

■ 可以从上述策略中选择，评估儿童的观察力，并评估其对水变成冰、冰变成水的过程的描述。

传 递 水

科学过程技能

- 聚焦观察
- 组织和交流观察结果

科学词汇

- H_2O
- 液体
- 形状
- 形状词
- 固体
- 容积
- 水

材料

- 各种形状和大小的透明容器（包括杯子、瓶子、纸盒、旧花瓶、香水瓶和塑料袋）
- 杯子（每名儿童一个）
- 食用色素
- 水罐
- 毛巾
- 托盘或洗碗盆
- 水（用食用色素将水微微着色）

当孩子们探索水可以形成的形状时，预计会有一段潮湿和混乱的时间。无论孩子们是单独探索还是小组探索，教师都要准备好毛巾和报纸，以便清理不可避免溢出的水。

科学内容标准

儿童将观察并在日记中描述如何通过将水倒入不同大小和形状的容器中来使水改变形状。（物理科学——物质的特性）

活动前

准备几罐浅色的水。水的颜色将帮助孩子们更清楚地看到水位。

怎么做

1. 让孩子们围坐在一张桌子旁，向他们展示你收集的容器。说："看看这些东西。格雷西，你爸爸给我们带来了这些酸奶杯。卢尔德，你的家人给我们送了这些婴儿食品桶。我们不用扔掉它们，而是可以用它们来玩'传水'游戏。你们准备好了吗？找一个你们喜欢的容器。看，水像我的罐子一样是圆的。我要把水倒进麦克斯的盆里。它是方形的！和麦克斯的盆子的形状一样。现在轮到麦克斯了。你把水倒进卢尔德的瓶子里。水又变圆了。当迈亚把水倒进以前装碎屑的瓶子里时，水变得又高又细了。我想你的瓶子里剩下的水足够装满杰西的杯子了。

第六章　玩水活动 | 193

儿童读物

沃尔特·威克（Walter Wick）的《一滴水》（A Drop of Water）是一组美丽的照片，展示了水的多种形状。

绕着桌子传水，直到每个人都轮到。"

2. 继续对儿童的探索做出热情的评论，鼓励儿童自己做出评论。传递水的速度要足够快，以保持这项活动的挑战性和趣味性，同时尊重儿童的不同能力。此外，可以考虑使用漏斗来帮助那些可能难以将水传到另一个同伴的杯子里的儿童。

3. 拿出发现日记，让孩子们画出他们用水做的形状。鼓励孩子们根据自己的意愿为自己的画作写上标题，帮助那些还不会写字的儿童。向孩子们介绍水的化学符号——H_2O。孩子们可能会喜欢写出科学符号的新奇体验。

4. 把水和容器放在杂乱的材料区，这样孩子们就可以继续探索水可以形成的形状。

简单操作

- 将各种容器放在戏水台上，让孩子们继续独立探索。

增加挑战

- 提供胶头滴管、注射器、塑料管和类似的工具。让孩子们想出一个"非常复杂的方法"来把水从一个容器送到另一个容器里。

观察和评估儿童的科学学习

- 儿童的日记是否反映了其对液体形状变化的理解？
- 儿童能解释水在液体状态下会随容器的形状而变化吗？

主题连接

反义词和形状

- 你在与孩子们谈论他们的行为时，使用有关正反和形状的词语。例如，他们的容器先空后满；有些容器很矮，有些则很高。水上上下下，进进出出。水可以是立方体，也可以是圆柱体；水面可以是圆形，也可以是方形。

科学课程

数学——在这个活动中，当孩子们将相同容量的水倒入不同的容器中时，他们开始探索体积守恒。

户外活动——在室外用更大的容器（如 4 升的大桶、2 升的瓶子、水桶和盆）重复这一探索活动。

液体密度

物体在液体中以不同的方式移动。这项活动使儿童有机会通过观察物体在液体中的移动方式来探索各种液体的特性。

科学内容标准

儿童将观察其他液体与水的区别。(物理科学——物质的特性)

儿童将观察放在液体中的物体是如何移动的。(物理科学——力与运动)

活动前

向家长发出通知,让家长送来带盖的透明的瓶子和罐子。准备2~3个瓶子,分别装上一种液体和一些物体,并贴上液体的名称。在准备糖浆时,将等量的水和糖混合,并将混合物煮沸,直到它变稠。这种混合物会非常热,所以在把它倒入容器之前先要让它冷却。

怎么做

1. 向孩子们展示你准备的瓶子。当你倒转瓶子时,请孩子们描述液体的运动方式。有些东西和其他东西相比是移动得更快,还是移动得更慢?

2. 让每个孩子选择一种液体,在成人的监督下将其装满一个容器(如果需要,可以使用漏斗),选择2~3件物品,将其放入容器中的液体里。

科学过程技能

- 聚焦观察

科学词汇

- 浓稠的
- 密度
- 描述性词语(如"较黏稠的""缓慢的""流动的""稀的""迅速的")
- 漂浮
- 液体
- 液体名称
- 沉没

材料

- 有盖子的透明的瓶子和罐子(如调味瓶、饮料瓶、沙拉酱瓶、花生酱瓶)
- 漏斗
- 液体(如醋、碳酸水、蜂蜜、矿物油、色拉油、机油、液体洗涤剂、玉米糖浆或其他糖浆)
- 小物件(如珠子、石头、亮片、弹珠、回形针、金属垫圈和橡胶垫圈)
- 毛巾
- 水

> **儿童读物**
>
> 玛格丽特·卡尼（Margaret Carney）和珍妮特·威尔逊（Janet Wilson）所著的《在爷爷的糖树丛》（*At Grandpa's Sugar Bush*）讲述了一个男孩和他的爷爷制作枫叶糖浆的故事。它还讲述了小男孩在早春时节在森林中与所有害羞的生物一起冒险的经历。
>
> 由梅拉妮·米切尔（Melanie Mitchell）创作的《从枫树到糖浆》（*From Maple Tree to Syrup*）用清晰鲜明的图片分享了糖浆的制作过程。

> **主题连接**
>
> **点心和烹饪**
>
> - 抓住机会，让孩子们了解我们吃的和在烹饪中使用的各种液体。比较冰沙、果汁和水。当你做布丁时，牛奶会发生什么变化？当你做冰激凌时，牛奶会发生什么变化？当你做松饼时，牛奶会发生什么变化？帮助孩子们做一个简单的油醋沙拉酱。

3. 帮助孩子们把盖子盖紧。现在，把瓶子翻过来，看看会发生什么。鼓励孩子们互相看对方的瓶子。他们能找到一个装的物体比自己瓶子里的物体移动得更快的瓶子和一个装的物体比自己瓶子里的物体移动得更慢的瓶子吗？他们可能无法找到这样的两个瓶子。与孩子们讨论他们的观察结果，支持他们互相交流，进行比较。

4. 重复这项活动，让孩子们选择不同种类的液体。把同一个物体放在不同的液体中，这样孩子们就可以看到同样的物体是如何在不同的液体中移动的。让孩子们描述其中的差异。对于观察有困难的儿童，教师可以将盛放第一种液体的容器放在盛放第二种液体的容器旁边，转动它们，直接进行比较。

简单操作

■ 在不同大小的透明塑料瓶里装上一半有颜色的水和一半食用油。让孩子们享受滚动和摇晃它们的乐趣，看看液体如何相互作用。

增加挑战

■ 和孩子们一起制作一个发现表。让孩子们想出一个关于物体在不同的液体中运动的规律。孩子们可能会说："它在浓稠的液体里移动得慢，在水里移动得快。"鼓励孩子们尽可能多地用不同的方式来描述液体和物体移动时的差异。把孩子们的观察结果记录下来。

有特殊需要的儿童

对于有感觉统合问题的儿童,在一个安静的地方进行这项活动,让儿童可以单独与材料或成人互动。

观察和评估儿童的科学学习

■ 儿童能描述物体在不同的液体中的运动方式吗?

科学课程

数学——在这个活动中,孩子们比较了相似的物体在不同的液体中的移动方式。

水上搬运工

科学过程技能

- 聚焦观察

科学词汇

- 最好的
- 较好的
- 小的
- 工具名称
- 最差的

材料

- 胶头滴管
- 装水的容器（如塑料杯、盆和水桶）
- 眼药水滴管
- 其他运水材料（如水桶、罐子、输油管、漏斗和海绵）
- 水族箱管材
- 海绵和毛巾
- 勺子
- 吸管
- 戏水台或装满水的浅而大的容器

我们可以使用各种工具来移动水，但有些工具适用于特定任务。滴管可以精确地移动水。杯子比滴管的运量大。这项活动让孩子们自己学习如何选择合适的方式来移动水。

科学内容标准

儿童将观察并描述使用各种工具把水从一个容器移到另一个容器中的运送方式。（科学调查；科学与技术；物理科学——物质的特性）

怎么做

1. 让孩子们用可盛水的容器做实验。谈论不同的运水方式。有的人舀水而有的人吸水。例如，漏斗使水变成狭窄的形状，将水装进瓶子里。谈谈这些容器，哪些容器只能装一点水，哪些容器能装很多水。

2. 与孩子们谈论各种运水工具。例如："伊桑，如果你想快速运送大量的水，那么你会用哪一种工具？梅根，你觉得把水装进这个小瓶子里最合适的运水工具是什么？泰勒，你会选哪一个工具来浇灌我们的植物？我们可以用哪一个工具来倒果汁？哪一个最适合用来向朋友喷水？"

3. 请孩子们预测哪种运水工具是把水从一个容器移到另一个容器中（而且溢出的水最少）的最佳工具。让他们尝试一下，看看他们的预测是否正确。挑战孩子们，让他们数一数将所有水从一个地方转移到另一个地方所需的勺子数量。

> **儿童读物**
>
> 弗兰克·阿施（Frank Asch）在他的《水》（Water）一书中用水彩颜料创造了各种形式的美丽的水的形象。
>
> 芭芭拉·克利（Barbara Kerley）的《一杯清凉的水》（A Cool Drink of Water）一书中的照片展示了世界各地的人们享受水带来的幸福。

> **主题连接**
>
> **社区助手**
>
> - 在以社区助手为主题的活动中，教师可以在室外建造一个建筑物，假装它着火了，然后让孩子们用水桶接力来救火！

> **有特殊需要的儿童**
>
> 有运动障碍的儿童可能需要他人的协助来使用一些运水的工具。

简单操作

- 对于一些儿童，可以考虑一开始只用2个或3个运水工具。随着孩子们的兴趣和熟练程度的提高，教师可以增加更多的运水工具。

增加挑战

- 在孩子们打扫卫生时，继续你的探索。孩子们是喜欢用毛巾还是更喜欢用海绵来清理溢出的水呢？大家都同意吗？尝试使用不同种类的拖把来处理地板上的溅水。问："为什么我不经常用拖把擦桌子呢？我们应该如何清理戏水台？"

观察和评估儿童的科学学习

- 儿童能描述每种工具是如何运送水的吗？
- 儿童是否理解水作为液体能够随容器的形状而变化？

科学课程

　　数学——在这个活动中，孩子们计算用工具将水从一个容器转移到另一个容器所需要的次数。孩子们还比较了不同容器能装多少水。

　　户外活动——把收集到的运水工具带到外面去。将水桶、大盆和玩具小车添加到收集的物品中。向孩子们提出挑战，让他们把水移到室外各个地点。孩子们能找到多少种不用水管就能把水盆装满或浇花的方法？

水压推动器

科学过程技能

- 聚焦观察

科学词汇

- 在……下面
- 在……里面
- 在……外面
- 活塞
- 压力
- 拉
- 推动
- 注射
- 在……上面

材料

- 透明的塑料鱼缸管（安装在注射器头上）
- 食用色素
- 大型塑料注射器（可在药店、动物医院或通过科学用品公司购买）
- 海绵或毛巾
- 戏水台或装满水的大而浅的容器

一个活塞下降，另一个活塞就会上升。观察这种因果关系让孩子们着迷。在探索水压柱塞时，孩子们正在探索封闭系统中的压力原理。孩子们观察对系统的一部分施加压力会如何引起系统的另一部分发生变化。虽然孩子们可能不会完全意识到为什么会发生这种现象，但他们喜欢控制和观察空气压力的作用。

科学内容标准

儿童将观察并描述水在通过注射器和管道系统时如何改变形状。（科学探究；科学与技术；物理科学——物质的特性）

怎么做

1. 和孩子们一起，将食用色素倒入戏水台的水中。把彩色的水注入一个大注射器里。向孩子们展示如何使注射器上下移动，然后给孩子们几个注射器让他们探索。孩子们能让自己的身体像注射器里的活塞一样慢慢地上下移动吗？如果儿童以前没有使用过注射器，那么教师就需要给他们足够的时间来玩注射器，让他们熟悉注射器的工作方式。此外，可以考虑为孩子们提供一个可以用来喷水的靶子，让他们用它来喷水，以满足他们喷水的冲动。

2. 用一根塑料管连接两个注射器的注射头。向孩子们展示，通过向下按压注射器的柱塞，会使空的注射器的柱塞向上升。更有趣的是，当空注

儿童读物

在霍顿米夫林公司（Houghton Mifflin Company）出版的《好奇的乔治要清理》（Curious George Cleans Up）一书中，乔治弄洒了一些果汁，需要用水清理，结果他用了太多的水。没过多久，乔治需要一个大水泵来抽水！

主题连接

反义词

- 这个活动给了孩子们一个很好的机会去观察和创造大量的上下和进出的运动！

夏日乐趣

- 在一个温暖的夏日，带着注射器和其他会喷水的工具到户外玩。

双语学习者

对于英语非母语的儿童，教师要用眼神交流和手势来模仿与补充口语指导。

射器的柱塞被拉上来时，它会把处在拉满状态的注射器的柱塞拉下来。

3. 把材料放在戏水台上让孩子们去探索。孩子们可能需要你的指导和一些实践来学习如何移动注射器的柱塞而不把它们从注射器中拉出来。期待一些意想不到的喷射吧！

简单操作

- 用皮撅子给孩子们做靶子，让他们用柱塞喷射。这提供了一种增强手部小肌肉力量的有趣的方式。

增加挑战

- 孩子们能找到其他东西来喷射目标吗？也许回收站里的沙拉酱瓶会有用。洗洁精瓶子呢？他们可以用洗手液瓶做什么？

观察和评估儿童的科学学习

- 儿童能描述当一个柱塞被移动时会发生什么吗？

什么能盛水？

科学过程技能
- 聚焦观察
- 观察分类

科学词汇
- 容器
- 保存
- 渗漏
- 液体

材料
- 各种形状的容器（有些可以装液体，有些则不能，比如燕麦片和麦片盒、塑料袋、纸袋、易拉罐、瓶子、纸板箱、筛子、网和罐子）
- 用来倒水的小水罐或杯子
- 水
- 戏水台、桶或洗碗盆

杯子、果汁盒、水瓶和其他类似的容器是孩子们日常生活的一部分。孩子们知道什么是装液体的好容器吗？让我们思考一下吧！

科学内容标准

儿童会观察水被储存在不同的容器中会发生什么，然后将容器分为能盛水的容器和不能盛水的容器。（物理科学——物质的特性；科学探究）

活动前

在教室周围放置几个容器。

怎么做

1. 和孩子们谈谈他们对容器的了解。例如，你可以说："水瓶是什么样的？如果我们把水放在一个空水瓶里，水会留在里面还是会漏出来？纸袋呢？让我们试一试。看，它在盛水。等等，它开始漏水了。哇！到处都是水！我猜纸袋装不住水！"

2. 让孩子们在教室里四处寻找各种容器。孩子们可以选择那些你早先设置的，以及他们看到的其他容器。让孩子们把容器分成他们认为能盛水的容器和不能盛水的容器。

3. 把孩子们分成两组，每组测试一对容器。孩子们可以轮流拿着容器倒水。让他们在戏水台工作，以防止水溢出或泄漏。

4. 在测试完每个容器后，让孩子们把它们分成

> **儿童读物**
>
> 凯瑟琳·加里·麦科德（Kathleen Garry McCord）在《我的水桶有个洞》（There's a Hole in My Bucket）中为同名的幽默的美国民歌提供了插图。当不可避免的渗漏发生时，它将是一首伟大的合唱歌曲。
>
> 芭芭拉·克利（Barbara Kerley）的《一杯清凉的水》（A Cool Drink of Water）中的照片向我们展示了人们携带水的多种方式。

> **主题连接**
>
> **露营**
> - 露营者和徒步旅行者有各种巧妙的容器。让孩子们尝试一下水壶、杯子和水桶、水瓶、保温壶和嵌套式烹饪工具。

> **双语学习者**
>
> 示范并演示单字或短语的使用，用手势来阐明"保持"和"泄漏"等术语的含义。

两组，一组是盛水能力强的容器，一组是盛水能力弱的容器。观察孩子们是如何将容器进行分类的。他们有没有把任何容器放在错误的类别？为什么孩子们会这样做呢？是否有一些容器一开始能盛水，后来就漏水了？和孩子们谈谈他们的选择。

5. 和孩子们一起列出可以容纳液体的容器的特征。请孩子们描述善于容纳液体的容器和不善于容纳液体的容器有什么不同。

简单操作

- 提供一组容器，明确是否可以盛水，如各种大小的杯子和筛子。经过充分的探索后，让孩子们把容器分成两组。

增加挑战

- 给孩子们设置一个计时器，看看容器多长时间会泄漏。是否有一些容器会立即泄漏，而另一些不会？
- 让孩子们收集一些人们用来装水的东西。这些收藏品包括照片和实物。邀请家长通过电子邮件发送特殊盛水容器（如婴儿杯或最喜欢的花瓶）的照片。

观察和评估儿童的科学学习

- 儿童能向你展示一些能装水的容器和一些不能装水的容器吗？
- 儿童能解释为什么某些容器不能很好地盛水吗？例如，儿童可能会说，水浸透了纸袋。

检查要点：玩水活动

沉或浮：这是一个问题

科学过程技能

- 聚焦观察
- 观察分类
- 组织和交流观察结果

科学词汇

- 下沉
- 漂浮
- 预测
- 容积

材料

- 各种有趣和不寻常的沉浮物体——小玩具、软木钓鱼浮标、塑料虫子或青蛙、水果（苹果、葡萄、香蕉、椰子）、一个摇头娃娃运动员、猪排吱吱叫玩具以及任何找到的可能有趣的东西
- 各种形状的、有趣的透明瓶子（橄榄油瓶、芥末瓶、番茄酱瓶或其他形状不同的瓶子）
- 多条被波浪线纵向分割的蓝色纸条（用来表示水面的波浪）

儿童即将结束一项有趣的研究，该研究使他们能够探索水作为生活中重要的物质之一的特性。有了现在掌握的信息，孩子们将能够更好地理解水的不同寻常但可预测的现象，并能够处理和管理这个重要的资源。

科学内容标准

儿童将利用他们对水的认识来描述：

- 水可以改变形状；
- 水结冰时变成固体。

有些物体在水面上漂浮，有些则下沉。（物理科学——物质的特性；科学探究）

怎么做

第一部分

1. 召集儿童谈论他们在探索水和冰时的所有乐趣和兴奋。
2. 你可以这样说："让我们思考一下我们所学到的东西。看这一大壶水，还有这些奇形怪状的瓶子和玻璃杯。水能适应所有这些不同形状的容器吗？"举起一个熟悉的杯子，也许是他们用来装零食的杯子。说："我知道水会形成这个形状。我们经常把水倒进这样的杯子里，但我对其他形状的杯子也感到好奇。"

3. 举起第一个瓶子，把它横着，倒过来。若有所思地问："这个奇怪的瓶子能装水吗？"如果儿童说可以，就问："你为什么会这么想？这是一个非常奇怪的容器。"继续用问题进行探究，直到孩子们清楚地意识到所有的容器，即使是形状古怪的容器也能装水。
4. 邀请孩子们试着把水倒进所有不同的容器里，以确保他们的预测是正确的。他们能找到任何无法盛水的容器吗？

第二部分

1. 向孩子们展示所收集的不寻常的下沉物和漂浮物。问："你们能预测哪些物体会漂浮起来，哪些物体会下沉吗？"把孩子们的预测写在一张图表上。孩子们的预测可能准确，也可能不准确。更重要的是，当你问孩子们如何知道物体下沉还是漂浮时，孩子们便想用水测试一下。这表明孩子们知道如何找到你提出的问题的答案。
2. 帮助孩子们把物体放到戏水台上，这样他们就可以验证自己的预测。将每次测试的结果与孩子们的预测进行比较。孩子们预测的对吗？提供两个容器，让孩子们根据物体的沉浮情况将物体进行分类。
3. 在孩子们完成调查后，给每个孩子一张纸，纸中间有一条波浪线，表示水面。然后让孩子们把漂浮物画（放）在波浪线上，把下沉物画（放）在波浪线的下面。孩子们把物品放在纸上的位置正确吗？

观察和评估儿童的科学学习

- 儿童能表示出他已经知道了水会填满任何形状的容器吗？
- 儿童能理解有些物体会漂浮在水面上，而有些物体不能吗？
- 儿童把物体放在表中正确的位置了吗？

第七章
光 与 影

科学概念

本章将探讨以下科学概念：

1. 许多物体会发光；
2. 每个人无法触碰到光；
3. 光只能穿过部分材料。

引 言

对光的研究是很吸引人的。虽然儿童不能完全理解光的本质，尤其是光的产生原因，但儿童将有一段激动人心的时间来研究许多容易观察到的光的特性。当儿童参与本章中的活动时，他们会发现光的哪些方面呢？

准备

将以下材料以及任何其他有趣的物品放在探索区或教室里其他适当的地方，供儿童在自由探索时间进行探究。

- 可安全操作的光源，如多种类型和尺寸的手电筒，电池供电的灯笼，电影胶片放映机，一盏钢笔灯，熔岩灯，卤素灯，荧光灯，发条式手电筒，超强光手电筒，投影仪，闪光灯，照相机闪光灯，霓虹灯，矿工头盔灯，荧光棒。

【注意】不要让儿童接触到发热的光源。还要确保孩子们不要用光照射对方的眼睛。
- 彩色的透明材料，如彩色透明胶片、封皮、玻璃纸和塑料薄膜。
- 一个或多个时钟（计时器）。
- 各种透明材料，如塑料（硬塑料和软塑料）、放大镜和玻璃；这些材料可以使足够多的光线穿过，我们透过这些材料可以清楚地看到物体。
- 各种半透明材料，如彩色塑料、塑料牛奶罐、布、薄塑料片、纸、蜡纸和塑料购物袋。这些材料允许通过的光线不足以使物体清晰可见。
- 各种不透明材料，如木块、陶瓷或塑料砖、橡胶、厚纸和纸板、金属、箔纸和岩石。这些材料不允许光线穿透。

自由探索

在开始第一个活动前，创建一个班级发现表，列出儿童已经知道的关于光和阴影的知识。和儿童谈论光从哪里来以及它是什么。让儿童说出一些他们熟悉的光源。用以下问题引导讨论："你能想到的最大的光是什么？最小的是什么？你对阴影了解多少？你在哪里见过它们？"看看儿童是否对光线和阴影有任何疑问，你可以将这些问题纳入接下来的活动中。让儿童想出尽可能多的词语来描述光线和阴影。在开展本章中的活动时，将图表张贴在房间内，并不时地询问儿童想要添加哪些内容。

向儿童介绍灯光活动中使用的材料。如果有任何材料需要特别注意，请与儿童讨论。

在自由探索的过程中，随意地与儿童谈论他们的探索结果。通过提问的方式来识别儿童在探索过程中正在做什么和在想什么。虽然儿童在第一次探索这些材料时可能需要一些指导或建议，但教师要尽可能地让他们自由探索，而不是过度指导他们的探索，这一点很重要。

彩　　盒

这项活动为孩子们提供了一个观察光谱的机会。在日常生活中不需要彩虹就能看到这些颜色；孩子们可以用硬纸板和一些彩色透明胶片来制作自己的颜色盒。

科学内容标准

儿童将物体放置在透明色板下时，观察物体的颜色。（物理科学——物质和光的特性）

活动前

制作彩盒的方法是在盒子的四面各开一扇窗户，并用四种不同颜色的透明塑料纸覆盖窗户。

怎么做

1. 把彩盒拿出来让孩子们玩和探索。孩子们可以把手放进盒子里，透过不同的窗口观察他们的手，看看他们的手是什么颜色。孩子们可以将不同颜色的物体放入颜色盒中。询问孩子们通过每个窗口看到的物体是什么颜色。考虑给儿童提供手电筒，这样他们就可以让更多的光线照进彩盒里。

2. 让孩子们在他们的发现日记中记录他们认为较特别或较喜欢的观察结果。通过绘画或文字，孩子们可以展示他们的物体的颜色，以及物体在盒子里时的颜色。

科学过程技能

- 聚焦观察

科学词汇

- 像
- 不同
- 预测
- 透明

材料

- 蜡笔或彩色记号笔
- 手电筒（可选）
- 小纸箱或盒子
- 不同颜色的小物件
- 磁带
- 4种颜色的透明塑料纸（如彩色透明胶片、封皮、保鲜膜或玻璃纸）

儿童读物

利奥·利奥尼（Leo Leonni）创作的《小蓝和小黄》（*Little Blue and Little Yellow*）和《自己的颜色》（*A Color of His Own*）这两本书内容丰富，讲的是关于颜色与自我的故事。这些书可以激发孩子们的思考。

> **主题连接**
>
> **颜色与彩虹**
> - 这项活动为探索颜色和制作新颜色增添了有趣的内容。
>
> **夏日乐趣**
> - 帮助孩子们用彩色塑料条做太阳镜。

双语学习者

命名并标记每个透明塑料板的颜色。清楚地说明框中每个物体的颜色和名称。当儿童把物体放进盒子时,让孩子们用母语说出颜色和物体的名称。在孩子们用母语说出颜色和物体后,让他们用英语说出它们的名称。

有特殊需要的儿童

坐轮椅的儿童需要得到适宜的安顿。请确保将箱子放置在轮椅上的儿童可触及的高度。

简单操作

- 创建一个班级发现表,列出孩子们观察到的一些物体。创建五列,一列表示物体的实际颜色,其余列用于记录通过每个彩色窗口观察到的物体的颜色。

增加挑战

- 给孩子们一组新物体。这一次,让孩子们在进入颜色框前,在他们的发现日记中画出或写下单个物体的实际颜色。让孩子们预测并记录通过各种窗口查看物体时所期望的颜色。当活动结束后,让孩子们记录他们的实际结果。

观察和评估儿童的科学学习

- 儿童能否描述物体被放入颜色框后发生的外观变化?

太阳图片

科学过程技能

- 聚焦观察

科学词汇

- 漂白
- 改变
- 颜色名称
- 比较词(如"较浅的"和"较深的")
- 褪色
- 射线
- 阳光

材料

- 一些不透明的物体〔如积木、儿童剪刀、回形针和拼图块(扁平物体的效果最好)〕
- 各种颜色的美术纸块(确保其不褪色)
- 磁带

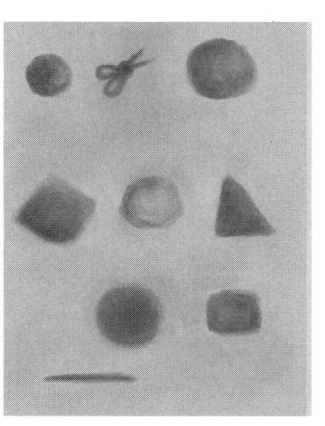

阳光会在很短的时间内漂白大部分被阳光直射的美术纸,通常是一两天,同时也取决于它在明亮的阳光下的时间。你所要做的就是把这些东西放在靠近窗户的架子上。加上一些不透明的物体,孩子们就可以观察到阳光的能量会如何产生太阳图片。

科学内容标准

儿童将观察照射在物体上的光线如何改变物体的颜色。(物理科学——物质和光的特性)

怎么做

1. 让孩子们参与进来,例如,说:"我们知道太阳给我们光,让我们温暖,你知道太阳也能拍照片吗?"
2. 让每个孩子选择一个颜色纸块和一些不透明的物体。
3. 在教室或大楼里进行一次阳光之旅,让孩子们有机会找到阳光充足的地方,阳光可以在那里发挥作用。
4. 让孩子们把他们的纸块贴在他们选择的地方,然后把它们放在纸上。
5. 几天后,让孩子们收集他们的纸块。问:"发生了什么?太阳拍了一张照吗?哪种颜色的纸块变化更大呢?看看太阳拍的所有不同的照片!"

简单操作

- 孩子们可以用自己的方式在图片上进行标注。将图片组合成太阳图片班级手册。

第七章 光与影 | 211

儿童读物

塔娜·霍本（Tana Hoban）的《黑和白》（Black and White）和《他们是谁？》（Who Are They?）可能以婴儿为目标受众，但它们也可以启发学龄前儿童用太阳图片制作简单的图画书。

主题连接

益智游戏

- 将太阳艺术图片制作成简单的谜题，孩子们能猜出他们的朋友用什么来制作太阳艺术图片吗？

双语学习者

反复描述纸上发生的变化，以加强孩子们对太阳如何影响物体和使物体老化的理解。

增加挑战

- 让孩子们找出受太阳影响而褪色的物体，也许他们可以在家里找到。你可以用图表表示他们的发现结果，或者使用数码相机拍摄照片，显示太阳使物体褪色的现象。

观察和评估儿童的科学学习

- 儿童能描述一下把纸放在阳光下后发生了什么吗？

科学课程

户外活动——找到一件需要重新粉刷的户外装置或游乐场设备。将孩子们带到室外，向孩子们展示这个物体，并且与他们讨论物体是如何褪色的。刷上一层相同颜色的新油漆，与孩子们讨论他们看到的差异。解释油漆褪色是因为它经常暴露在室外和阳光下。

家庭参与

给每个儿童一个可重新密封的装有彩色美术纸方块的袋子。让孩子们描述他们在学校做了什么，并让他们的家人把纸块和物体放在家里不同的窗户旁，与孩子一起拍摄太阳照片。

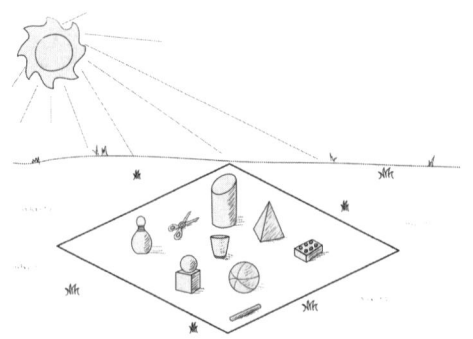

光源拼贴画

光源有很多种。到底有多少种不同的光源？让孩子们翻阅旧杂志和目录，看看他们能找到多少。

科学过程技能

- 聚焦观察
- 观察分类

科学词汇

- 光线充足
- 昏暗的
- 电
- 光
- 光源名称
- 电量
- 来源
- 转换

材料

- 儿童剪刀
- 从杂志上收集的光源图
- 胶棒
- 留言板

科学内容标准

儿童会用一套海报和杂志图片对光源进行分类；描述他们发现的许多发光源。（物理科学——光与能源）

活动前

在单独的海报板上绘制灯泡、火和太阳。

怎么做

1. 告诉孩子们，他们将进行一次轻松的探索。让孩子们在杂志上找到光源图片，然后用剪刀把它们剪下来。你可以说："可以寻找火、太阳、手电筒、蜡烛、汽车前照灯、台灯等任何你能找到的发光的物体的图片。"

2. 孩子们剪下他们所找到的光源图片，然后把这些图片粘贴在海报上。

3. 当儿童工作时，老师与他们讨论光源是如何工作的。例如，有人必须点蜡烛或火；其他人的灯用电发光，通过开关就可以打开它们。

简单操作

- 使用数码相机拍摄建筑物内和周围的所有光源。给孩子们图片，并帮助他们将图片组合成一本以"我们的光"为主题的书。

儿童读物

富兰克林·M.布兰利（Franklyn M. Branley）在《白昼之光，黑夜之光——光线来自何处》（Day Light, Night Light: Where Light Comes From）一书中讨论了许多不同的光源，包括手电筒、篝火、星星和灯笼。

主题连接

社区助手

- 与孩子们谈论警察、消防员和急救医疗人员在他们的车上如何使用闪光灯来让人们知道救援正在进行中。

家

- 世界各地的人们的家里有各种各样的光源。孩子们知道多少种夜灯？孩子们的家里有有趣的灯吗？

玩具

- 许多儿童玩具和游戏设备装有灯。邀请孩子们从家里带一些发光的玩具和游戏设备来与全班儿童分享。

双语学习者

在描述光源时，说出每个光源的名称，并向孩子们展示。

增加挑战

- 让孩子们寻找特定类型的光源，如自然光、电灯、带火焰的光源等。

观察和评估儿童的科学学习

- 儿童能准确地识别光源图吗？
- 儿童能辨认出每一种光的能量来源吗？

家庭参与

请家长捐赠包含光源图片的杂志。

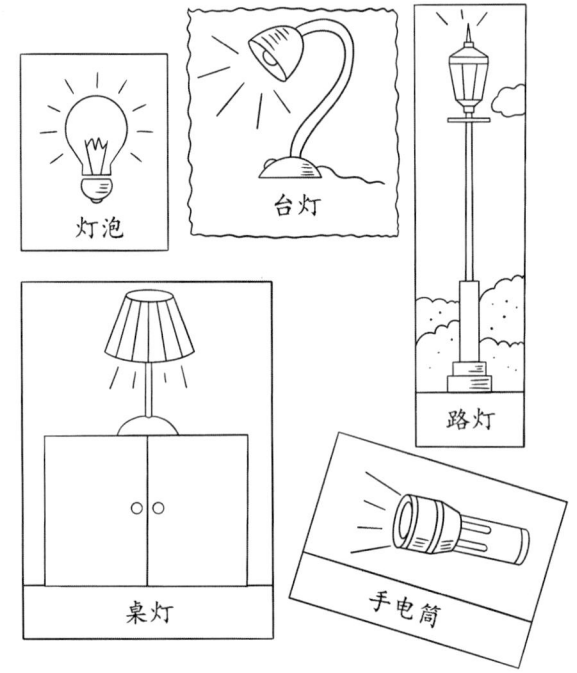

透明，半透明，不透明

科学过程技能

- 聚焦观察
- 观察分类

科学词汇

- 透明
- 半透明
- 不透明

材料

- 写有"透明""半透明"和"不透明"字样的卡片（可选）
- 常见的透明、半透明和不透明的物体和材料
- 手电筒或可以被阳光照射的窗户

透明和半透明的物体之间的区别对于儿童来说是相当微妙的；透明和不透明对于儿童来说更容易理解。给孩子们足够的机会测试物体并提出问题，以帮助他们明了对这些区别的理解。在孩子们探索后，帮助孩子们对"透明""半透明"和"不透明"进行集体定义——这是这个年龄段的儿童喜欢的事情。

科学内容标准

儿童将观察穿过各种物体的光线，并使用发现表将这些物体分为三组。（物理科学——光与能源）

怎么做

1. 把收集到的材料拿出来让孩子们探索。说："我们一直在用光进行研究。我收集的所有这些东西都将帮助我们了解更多关于光的知识。你能找到一些能看透的材料吗？罗西塔找到了一个透明的塑料瓶。我能透过这个瓶子看到你的手。让我们来看看光是否能透过它。确实能！如果我们的视线不受这些物体影响，我们把这些物体称为透明物体。你还能看到其他透明物体吗？我们将把我们找到的所有透明物体放在这里。"

2. 询问孩子们能否找到他们根本看不透的东西。例如，你可以说："看，苏妮尔发现了一块砖，乔斯发现了一些纸板。当你用光测试它们时发现了什么？光线能穿透它们吗？我们把光不能穿过的物体称为不透明物体。让我们把不透明物体放在这里。"

3. 测试所有物体，并将其进行分类。最后，儿童会

> **儿童读物**
>
> 莉萨·特朗鲍尔（Lisa Trumbauer）的《关于光的一切》（*All About Light*）一书使用了清晰的彩色照片和简单的文字来解释关于光的一些重要观点。

拿起一个半透明的东西，比如一个薄塑料购物袋或一片从牛奶瓶上切下来的塑料，但不确定该把它放在哪里。当看到儿童产生疑惑时，你可以指导说："这是一个棘手的问题。你为什么不把它举到光线下？看看光线是否能穿过它，若不透光，它就是不透明物体。它不能完全像透明瓶那样使光线穿透，我们称其为半透明物体，这意味着你可以透过它看到一点东西。"

4. 鼓励孩子们继续研究并在房间里寻找更多的材料。让他们使用灯光来帮助他们根据物体的透明程度分类。

5. 创建一个三列的发现表，列出孩子们调查的所有物体，并将其分为透明、半透明和不透明物体三类。

简单操作

- 让孩子们将手电筒的光照在张开的手上，看看他们的手是透明的、半透明的还是不透明的。

增加挑战

- 孩子们可以在他们的发现日记中创建一个表格，将每个被测试的物体放在透明、半透明或不透明的列表中以记录他们的发现。

观察和评估儿童的科学学习

- 儿童是否可以在使用或不使用正确术语的情况下将物体分为透明、半透明和不透明物体三类？

科学课程

　　户外活动——带孩子们到户外使用手电筒，孩子们能用手电筒找到光可以透过的物体吗？

> **双语学习者**
>
> 邀请儿童的家长和社区成员作为课堂志愿者，与双语儿童一起试验。这可能需要一些指导或培训。

皮 影 舞

通过观看床单上的影子来观察一个人的动作，使这项活动既有趣又好玩。这是孩子们玩耍的机会，也是他们使用有关光线和运动的描述性词语的机会。

科学内容标准

儿童将观察不能穿过物体的光线如何投射出可供探究的阴影。（科学探究；物理科学——物质和光的特性）

活动前

在房间里系一根绳子，在上面挂一张白色的床单（这样床单就可以接触地板），在床单的一侧放一盏灯。

怎么做

1. 放点音乐，告诉孩子们："是时候跳皮影舞了！"让孩子们轮流走到床单后面，其他孩子则在一旁观看。有些孩子喜欢单独跳舞，有些孩子则喜欢跳双人舞。

2. 当孩子们在床单后面移动时，教师要提醒他们灯光的位置，对他们说："你要投射一个影子，就必须在光和影子的中间。记住这一点，你就会知道在哪里可以找到你的影子了。"

3. 孩子们在观看过程中能描述他们看到的动作吗？例如，凯莉跳上跳下，梅森跳摇摆舞，观众能模仿影子移动吗？

科学过程技能

- 聚焦观察
- 组织和交流观察结果

科学词汇

- 在……之间
- 投射
- 方向术语（如"向上""向下""向右"和"向左"）
- 光源
- 移动
- 运动
- 阴影

材料

- 灯
- 长绳
- 音乐
- 白纸

儿童读物

安·汤姆珀特（Ann Tompert）的《没有比影子更棒的东西》（*Nothing Sticks Like a Shadow*）一书中的兔子喜欢与它的影子跳舞，当土拨鼠跟兔子打赌——兔子无法摆脱自己的阴影时，冒险就开始了。

主题连接

跳舞

- 探索人们跳舞的多种方式。为孩子们带来各种各样的音乐，让他们聆听并创作自己的舞蹈。教孩子们一些简单的舞蹈动作，以此来发展动作记忆。许多儿童音乐会涉及儿童可以学习的相关舞蹈。

有特殊需要的儿童

让有视觉障碍的儿童坐在床单旁边，帮助他们辨认各种影子的运动。

4. 现在引导孩子们仔细观察阴影。孩子们能看到舞者的鼻子或眼睛吗？为什么？如果舞者面对另一个方向呢？阴影是指光线无法到达的地方，因此阴影较暗。它是儿童（三维物体）的二维复制平面，只显示我们身体的轮廓。

简单操作

- 向孩子们展示如何制作一些简单的手影动物。看看孩子们能否认出这些动物。

增加挑战

- 向孩子们展示如何用纸板剪纸制作简单的皮影。挑战孩子们，让他们制作木偶，表演他们最喜欢的书、儿歌或故事。

观察和评估儿童的科学学习

- 儿童能否观察到幕布后面另一个儿童的轮廓在移动，并描述或模仿该儿童的影子的移动方式？
- 儿童能简单地画出光、同伴和阴影的位置吗？

挡住光线

科学过程技能

- 聚焦观察
- 组织和交流观察结果

科学词汇

- 在……之间
- 光线充足的
- 黑的
- 远
- 光
- 近
- 阴影

材料

- 明亮的光源（如灯笼、手电筒或投影仪）
- 一块硬纸板
- 用于投射阴影的各种物体

当我们站在光束中时，我们可以阻止光线穿过我们。如果光不存在，那么阴影也不存在——光和阴影相辅相成。在这个活动中，孩子们将探索物体和物体因阻挡了光线而产生的阴影之间的关系。

科学内容标准

儿童可以观察到来自非常明亮的光源的光线无法穿过某些物体而产生阴影的现象；他们将观察没有穿过物体的光线会如何投射出可以研究的阴影。（科学探究；物理科学——物质和光的特性）

怎么做

1. 把房间调暗，把亮光照在跟孩子们身高差不多的墙上。让一名儿童站在灯光前，让阴影投射到墙上。

2. 如果灯光关闭或该儿童远离灯光，孩子们认为阴影会发生什么变化？试试看。他们是对的吗？

3. 现在让该儿童站着不动，你移动灯。当光源移动时，阴影会发生什么变化？向孩子们展示模式：光、物体、阴影。

4. 让孩子们在光源和墙壁之间以各种物体（包括他们的手）进行实验。和孩子们谈论他们所看到的现象。

5. 在儿童和投射阴影的物体之间夹一块纸板，使儿童看不到物体。拿起一个物体，使其投射阴影，但不让儿童看到。问孩子们："你们能根据它的影子猜出这是什么吗？"

儿童读物

珍妮弗·沃特斯（Jennifer Waters）的《明亮的灯光，阴影的形状》（Bright Lights, Shadowy Shapes）和克莱德·罗伯特·布拉（Clyde Robert Bulla）的《阴影是怎么产生的？》（What Makes a Shadow?）提供了很多关于阴影和制作阴影图片的有趣且有用的信息。

主题连接

减少、重复使用、回收利用

- 提供可重复使用的材质，供孩子们在制作阴影时使用。

6. 创建一个包含两列的班级发现表。在第一列中，列出孩子们关于每个物体的猜想；在第二列中，写出实际物体。
7. 保持设备可用，以便孩子们可以互相玩"猜影子"的游戏。

简单操作

- 提供形状像动物或人的纸板剪纸，鼓励儿童玩皮影戏。

增加挑战

- 让孩子们在他们的发现日记中画出光源、物体和阴影的相对位置。让他们绘画或写一些关于他们制造的阴影的内容。

观察和评估儿童的科学学习

- 儿童能画出或描述阴影产生的必要因素吗？
- 儿童能识别简单的形状所产生的阴影吗？

快速检查：光与影

看还是不看

通过探索大量透明和不透明的物体，孩子们能学会预测哪些物体可以使光线穿过，哪些物体会形成阴影。

科学内容标准

本评估活动着眼于儿童通过示例（光是如何通过部分材料而不是其他材料进行传播的）进行描述的能力。（物理科学——物质和光的特性）

怎么做

1. 把房间调暗，告诉孩子们，他们需要确认手电筒（或投影仪）发出的光线是否可以穿过材料。
2. 向孩子们展示将物体放在灯光前会发生什么。问："它在墙上形成一个形状是因为它挡住了光线还是光线正好穿透了它？"向孩子们演示如何控制这些物体，使不透明的物体在墙上形成清晰的阴影。当以相同的方式测试透明的物体时，几乎没有阴影出现。
3. 给每组儿童一组物品。让儿童使用光源测试物体是否能够产生阴影或光线是否能够穿过它们。让孩子们根据他们的发现将物体分成两组。

近距离观察

展示——给儿童一个手电筒和一套新材料。让

科学过程技能

- 聚焦观察
- 观察分类

科学词汇

- 黑暗的
- 光
- 不透明
- 阴影
- 闪耀
- 半透明
- 透明

材料

- 手电筒
- 大型手电筒或投影仪
- 大量的物体［有些物体是透明的（透明塑料杯、珠子、玻璃柜台或水瓶），有些物体不透明（垫圈、积木或银器）］

儿童告诉你光线可以穿过哪些物体，不能穿过哪些物体。

描述——让儿童描述当手电筒的光照在物体上时，他看到了什么。让儿童描述如果他把物体放在太阳下会发生什么。问："光会穿过那个物体吗？"试试看。

绘画——让儿童画他所观察到的东西。孩子们可能会为具有清晰阴影的物体画一张画，而为不具有清晰阴影的物体画另一张画。孩子可能会画出光束、阻挡光束的物体以及出现在墙上的阴影。

书写——让儿童填写一份分类表或向你口述，列出产生阴影的物体和不产生阴影的物体。儿童还可以绘制出这些物体的样子，然后附上自己的标签。

观察和评估儿童的科学学习

■ 从上述策略中进行选择，以确定儿童能否根据光线是否可以穿过将它们进行分类。

星星室

星星室,教室里的天文馆,为孩子们探索光明和黑暗提供了一种新的、令人兴奋的方式。看到光亮如何改变黑暗的环境对孩子们来说是一个启示。在黑暗中发光的星星提供了另一种可探索的光元素。

科学过程技能

- 聚焦观察

科学词汇

- 发光
- 光
- 夜晚的天文馆
- 天空
- 星星

材料

- 黑色美术纸(可选)
- 蜡笔(用于发现书)
- 手电筒
- 大箱子(如冰箱包装箱,供儿童玩耍)
- 箱子切割器(仅成人使用)
- 发光的(在黑暗中发光)星星贴纸
- 胶带(覆盖箱体接缝)
- 纸张(可选择切割成大星星)

科学内容标准

使用这个特别建造的星星室,儿童会发现很多物体会发光。(科学和技术)

儿童将观察这个星星室如何表现夜空。(地球和空间科学——天空中的物体)

活动前

在箱子上开一扇门,这样孩子们就可以舒服地进去了。(安全说明:成人专用步骤。)

怎么做

1. 在孩子们的帮助下布置星星室。由于一些幼儿害怕黑暗,因此让孩子们参与布置是一个好主意。孩子们可以在箱子外面作画,也可以用描绘夜空的作品来装饰它。用黑色美术纸(可选)覆盖箱子内部,然后用发光的星星装饰。孩子们可以随机放置星星,也可以尝试让星星组成星座。让箱子的门打开一段时间,或者在箱子里放一盏灯给星星"充电"。

2. 每次选择几个孩子,让他们拿着手电筒进入星星室。引导孩子们观察星星,让他们随时告诉你

儿童读物

辛西娅·莱兰特（Cynthia Rylant）的《乡村之夜》（Night in the Country）和珍妮弗·沃德（Jennifer Ward）的《森林之光，森林之夜》（Forest Bright, Forest Night）可以带孩子们进入一个安静祥和的夜晚世界。

在莫妮卡·韦林顿（Monica Wellington）的《夜晚的城市》（Night City）一书中，孩子们将了解在他们晚上睡觉的时候繁华的城市生活。

主题连接

太空、太阳、月亮和星星

- 星星室为孩子们提供了一种在白天思考星星的方式。《一闪一闪小星星》和《星光，星光多灿烂》仅仅是众多关于星星的歌曲、诗歌中的两首。房间里还有其他可以让孩子们欣赏发光的星星的地方吗？

有特殊需要的儿童

对于患有自闭症谱系障碍的儿童，因为一开始他们可能会感到害怕，教师可以与他们一起进入房间，让他们轻松地参与这项活动。这一策略适用于任何可能害怕黑暗的儿童。

他们看到了什么。你需要告诉他们不要使用手电筒，直到他们发现在没有灯光的情况下看得清晰。让孩子们决定是否让箱子的门开着。

3. 现在让孩子们打开手电筒。他们会发现他们能看得更清楚。说："我们可以看到，如果光线充足，我们就看得更清楚。"他们也会看到粘贴上去的星星。问："当你关掉手电筒时，星星有什么变化？"和孩子们谈谈他们在星星室里看到了什么。

简单操作

- 谈论真实的星星和孩子们在晚上看到的其他东西。

增加挑战

- 让孩子们单独或与同伴一起写一本关于夜间发生的事情的书，他们可能还想了解在夜间活动的动物。

观察和评估儿童的科学学习

- 儿童是否明白光线越亮，他看得越清楚？

睡衣派对

科学过程技能

- 聚焦观察
- 观察分类

科学词汇

- 黑暗
- 白天
- 光
- 夜晚
- 睡衣
- 天空

材料

- 毛毯
- 大张新闻纸和标记纸（用于发现表）
- 睡衣
- 纸和蜡笔（用于制作发现书）
- 有关睡觉的材料
- 泰迪熊和玩具娃娃

将夜间活动引入白天是探索光线如何影响人们行为的一种新方法。孩子们喜欢在学校穿睡衣。

科学内容标准

儿童将利用游戏时间探索白天和夜晚的区别；儿童将探索夜空中的物体。（地球和空间科学——天空中的物体）

儿童将探索光线从白天到晚上的变化。（物理科学——光）

活动前

在活动前几天，教师需要通知家长：孩子们将举行睡衣派对，一同分享晚上的活动。要求这些家长和孩子穿睡衣，带上睡觉的物品，如毯子和泰迪熊。鼓励家长为睡衣派对搭建舞台，让儿童注意白天和晚上不同时间的天空。在睡觉前，家长可以带孩子出去看几晚夜空。建议他们看落日，指出月亮和星星。早起的人可以欣赏初升的太阳。一些家庭可以带孩子们看看行星（如土星、火星、木星和金星，这些较容易被看到），同时指出，星星会闪烁，而行星不闪烁。

怎么做

1. 在学校里指定一个特殊的日子为"睡衣派对日"。在这一天，孩子们和教师穿上睡衣，带着毛毯和他们最喜欢的睡觉伙伴（泰迪熊、玩具娃娃、毛毯）到学校。

第七章 光与影

> **儿童读物**
>
> 佩姬·拉思曼（Peggy Rathmann）的《晚安，猩猩》（Good Night, Gorilla）一书记述了动物园管理员的夜间任务以及跟着管理员巡视和睡觉的淘气的大猩猩。玛格丽特·怀斯·布朗（Margaret Wise Brown）的《晚安月亮》（Goodnight Moon）是一部经典的关于兔子安眠的故事书。
>
> 莫里斯·森达克（Maurice Sendak）的《野生动物在哪里》（Where the Wild Things Are）讲述了一个晚安故事，适合更具冒险精神的人。

2. 在一整天中，就孩子们晚上做的一些特殊事情进行讨论，如听故事、躺到床上和睡觉。让孩子们比较他们准备睡觉的方式和睡觉时穿的衣服。
3. 试着开展孩子们提出的所有他们平时喜欢的夜间活动，讨论夜晚的特殊性，如天空、星星、月亮和黑暗，将它们与我们白天看到的事物进行比较。
4. 与孩子们一起制作一张发现表，以此结束一天的活动。在发现表的中心画一条线。一边写"晚上我们通常……"，另一边写"白天我们通常……"，记下孩子们完成这些陈述的所有方式。

简单操作

- 用孩子们的绘画作品（关于白天和晚上做的不同事情）制作一本发现书，教师需要帮助孩子们在他们的画旁边加上说明文字。

增加挑战

- 让孩子们单独或集体讲述一个虚构的夜间冒险故事。把这个故事编成一本孩子们能够添加说明的书。孩子们可能想把他们的故事表演出来。

观察和评估儿童的科学学习

- 儿童能说出或描述出至少一个夜空的特征吗？
- 儿童能描述一下人们在白天和晚上做的一些事情吗？

科学课程

数学——探索时钟。和孩子们谈谈他们睡觉的时间。问："每个人的就寝时间一样吗？我们什么时候起床？"

寻 光 器

这是一场轻松的盛会！孩子们将有充足的时间探索一些不同的光源。

科学内容标准

儿童将观察来自许多光源的教室里的光线。（科学探究）

儿童将观察到，来自光源的光线必须打在物体上才能被看到，而将某物体放在光源前面会挡住光线。（物理科学——光）

活动前

将某张桌子或者某个区域用来放置自己收集到的光源。

怎么做

1. 用硬纸管和孩子们一起制作寻光器。孩子们可以用纸、废弃材料和蜡笔来装饰硬纸管。

【注意】不要使用水性记号笔，因为水性记号笔画出来的线条容易使孩子们在使用寻光器时把墨水弄到脸上和手上。告诉孩子们不要盖住硬纸管的两端，因为需要透过它们才能找到光。

2. 当他们工作时，问孩子们："你们认为光对你们有什么帮助？"孩子们可能会说光可以帮助他们在黑暗中看到东西。再问问孩子们有没有夜灯或手电筒。谈论户外发光的东西："白天，太阳会发光。什么东西会在晚上发光？"和孩子们谈论月亮和星星。问："有人见过萤火虫吗？"对

科学过程技能
- 聚焦观察

科学词汇
- 黑暗
- 光亮
- 光源名称

材料
- 蜡烛
- 荧光棒
- 蜡笔
- 硬纸管
- 手电筒
- 胶棒
- 灯
- 一大张新闻纸和记号笔（用于发现表）
- 纸

> **儿童读物**
>
> 在埃里克·卡尔（Eric Carle）的《孤独的萤火虫》（*The Very Lonely Firefly*）一书中，一只孤独的萤火虫在找到朋友之前发现了许多会发光的物体，包括蜡烛、手电筒、汽车前照灯和烟花。

一些儿童来说，怕黑是个大问题。带着冒险精神的探索可能会缓解儿童对黑暗的恐惧。

3. 把房间弄暗。盖住门，拉上窗帘，关灯。问："我们的光从哪里来？用你的寻光器环视房间，看看你是否能找到一些有光的地方。"（例如，孩子们可能会看到从门缝里照进来的光。）"当你看到发光的东西时，告诉我，这样我也能看到它。"一些孩子可能会发现从窗帘边缘进来的光线。问："你认为光是从哪里来的？"

4. 打开手电筒，在房间里移动光束。说："手电筒发出的光能让我们看得更清楚。你能找到手电筒的光落的位置吗？当我用手捂住它时会发生什么？"在点亮灯、蜡烛、荧光棒和房间的灯时重复此过程。帮助孩子们将注意力聚焦在光源上。如果你愿意，和孩子们一起数数不同光源的数量。鼓励孩子们谈论每盏灯是如何改变房间的外观的。

简单操作

- 讨论孩子们在上学和放学途中看到的各种光源，如红绿灯、汽车前照灯、信号灯和路灯。制作一张发现表，让孩子们分享他们所知道的光源知识。孩子们的家人使用的是什么光源？将这些光源添加到发现表中。

增加挑战

- 给孩子们一个手电筒。让他们找出不同的方法来隐藏它和它所产生的光，这样他们的朋友就无法用寻光器找到它了。

观察和评估儿童的科学学习

- 儿童能描述一下光线是如何改变房间的吗?
- 儿童能指出房间里的光源吗?

科学课程

数学——在这个活动中,孩子们统计了各种光源的数量。

家庭参与

请家长借给儿童手电筒和其他光源。

鼓励家长和孩子们一起探索月相,建议他们每周观看两次月亮。建议家长为孩子绘制月亮,并与全班儿童分享。

主题连接

露营

- 和孩子们谈论露营者在夜间如何使用多种光源:灯笼、手电筒和篝火。他们也经常看到萤火虫。

空间

- 探究可见的太空中的光源,如太阳、月亮和星星。

户外活动

时钟周围的岩石

科学过程技能

- 聚焦观察
- 观察分类
- 组织和交流观察结果

科学词汇

- 阴影
- 日晷
- 阳光

材料

- 积木
- 课堂发现书
- 一把石头
- 铅笔或记号笔

几个世纪以来,人们一直用日晷来计时。这项活动让孩子们有机会制作一个简单的日晷,并用石头来标记时间的流逝。

科学内容标准

儿童将用石头制作一个简单的日晷,通过观察阴影的移动来感受时间的流逝。(科学和技术)

怎么做

1. 在一个晴朗、阳光明媚的早晨,当孩子们都来到教室时,让他们收集几块大积木和一把石头,然后跟着你出去。

2. 和孩子们谈论户外的光线,问孩子们光从哪里来。

3. 让孩子们找一个阳光充足的地方,远离任何可能在白天晚些时候会遮挡光线的物体,如树木、建筑物或游乐场设备。

4. 和孩子们一起把这些积木一块一块地叠在另一块积木上,建造一座足够高的塔,并且这座塔可以投射出一个可见的阴影。向孩子们解释这座塔也可以作为日晷来表示时间。向孩子们指出当前时间、太阳在天空中的位置以及塔的阴影在地面上的位置。

5. 让其中一个孩子把一块石头放在日晷阴影的顶部。让孩子们回到室内画日晷。让孩子们聚集在一个带有表盘的时钟周围。向孩子们展示时钟上的时针,从而引发他们对时间的讨论。把

儿童读物

弗兰克·阿施（Frank Asch）的《太阳是我最喜欢的星星》（The Sun Is My Favorite Star）一书讲述了一名儿童将玩耍与真实的信息结合在一起，与太阳一起度过一天的故事。

在盖尔·吉本斯（Gail Gibbons）的《太阳升起，太阳落下》（Sun Up, Sun Down）一书中，作者用简单的文字和清晰的插图帮助幼儿了解有关太阳的一切。

主题连接

时间与季节

- 这项活动可以纳入与时间和季节相关的课程中。

双语学习者

当孩子们观察一天中的时间时，对母语非英语的儿童重复说出这个时间。让孩子们先用母语说出数字，然后再用英语说出。

时间写在发现书上，告诉孩子们这是他们第一次画日晷的时间。

6. 在一天里每隔一段时间，带孩子们回到日晷前，每次要求不同的孩子在阴影的顶部添加一块新石头。给所有孩子足够的时间画新的塔、塔的影子和石头。和孩子们谈谈他们的观察结果。他们看到影子在做什么？他们注意到石头相对于阴影的位置有什么变化？同时记录下时钟时间。

7. 第二天早上，在孩子们第一次参观日晷的同一时间，带着所有孩子回到日晷前，与孩子们谈论他们所看到的东西。问："表盘的影子回到昨天的位置了吗？"在户外重复这些活动，以验证太阳是否遵循与昨天相同的时间表。

简单操作

■ 追踪记录一棵植物或其他大小可控的物体的影子。当天晚些时候再次观察。询问孩子们，他们注意到了什么变化。

增加挑战

■ 如果有足够的空间，那么教师可以挑战孩子们设计和建造一个更永久的日晷。

观察和评估儿童的科学学习

■ 儿童是否理解阴影在一天中的移动轨迹？
■ 儿童能画一张制作日晷的步骤图吗？

第七章 光与影

树　　影

在晴天，树在阳光下形成阴影。然而，有些树能提供比其他树更大的阴影。孩子们可以在户外玩得很开心，因为他们试图找到最适合遮阴的树木。如果附近没有树木，请寻找其他遮阴的地方。

科学内容标准

儿童将利用他们对阴影的了解，将树木或门廊等建筑物归类为有用的阴影制造者。（科学探究；地球科学——地球和天空的变化）

怎么做

1. 找到一棵投下巨大阴影的树，让孩子们在阴影最宽的位置上排成一行。
2. 记录在阴影宽度上站成一行的儿童人数。
3. 问："为什么这棵树是一棵好的遮阳树呢？"观察结果可能包括大小、树枝的生长方向和叶片数量。
4. 让孩子们用同样的方法测量其他一些树影。
5. 让每个儿童从他们认为能提供最好树荫的树上摘一片叶子。
6. 把孩子们带回教室，在一张海报板上写下每种树的名字，帮助孩子们用胶水把树叶粘贴在海报板上，制作一张图表，显示哪些树是最受欢迎的遮阴帮手。

简单操作

- 在一天中的其他时间测量树的阴影。你发现了什么？用操场上的设施代替树木。

科学过程技能
- 聚焦观察
- 观察分类

科学词汇
- 树枝
- 图表
- 叶子
- 线
- 测量
- 阴凉处
- 阴影
- 大小
- 树名
- 宽度

材料
- 胶棒
- 留言板
- 树叶

儿童读物

动物也会制造阴影，孩子们从克莱尔·伯奇（Claire Berge）的《这是谁的影子——动物形状观察》（Whose Shadow Is This : A Look at Animal Shapes）一书中会认识许多动物的影子。

安妮·韦斯科特·多德（Anne Wescott Dodd）的《脚印与阴影》（Footprints and Shadows）一书通过非凡的水彩画探索了自然之美和季节之美。

主题连接

季节

- 将此活动与对季节的讨论结合起来。在炎热的夏天，孩子们会感激树荫的帮助。

双语学习者

用英语和儿童的母语为每棵树贴上标签并命名。

增加挑战

- 让孩子们使用米尺或标尺测量不同种类的阴影，登山者的阴影可能有5米长，垃圾桶的阴影可能有0.5米长。

观察和评估儿童的科学学习

- 儿童能否辨别出哪棵树（或哪种设施）提供的阴影最长？

科学课程

数学——在该活动中，孩子们通过统计人数来测量阴影的宽度，并绘制阴影测量图。

检查要点：光与影

我们的光影书

科学过程技能

- 聚焦观察
- 观察分类
- 组织和交流观察结果

科学词汇

- 明亮
- 黑暗
- 光
- 不透明
- 阴影
- 半透明
- 透明

材料

- 蜡笔、记号笔和铅笔
- 用于书写和画插图的相关材料
- 纸张

本章中的所有活动都让孩子们有机会探索光影的各个方面。现在是时候把这一切都放在一起了！在这个活动中，孩子们一起制作关于光和影的班级手册。

科学内容标准

评估儿童对以下概念的理解。

- 许多物体会发光。
- 你无法触碰光。
- 光只能穿过部分材料。（物理科学——物质和光的特性）

怎么做

1. 与孩子们讨论人们使用和制造灯光与阴影的方式。查看孩子们在之前所有活动中制作的图表、发现书和发现日记，以及任何他们可能使用的其他书籍或材料。鼓励儿童回忆他们用光和影做过的所有不同的事情。

2. 放好蜡笔、记号笔、铅笔和纸。让孩子们写下或画出他们在学习光和影时获得的特定记忆。帮助孩子们为每个插图添加标题或说明。

3. 当所有孩子完成他们的书页时，小组决定书名。把书名写在封面上。使用订书钉或其他材料将书页装订成册，然后将其放在教室里的图书区。

观察和评估儿童的科学学习

- 将儿童光影书作为讨论指南。每个儿童应该能够将活动中的一个或多个概念与光影书中的标题和插图联系起来。
- 每个儿童都能描述促使他制作这本书的光影活动吗?

第八章
了解我们的世界

科学概念

本章将探讨以下科学概念。
1. 每个人的周围环境都是有趣的和有价值的。
2. 我们可以为保护我们的环境尽一份力。

引　言

环境是我们要向儿童介绍的一个重要的科学主题。如果我们不能保护我们生活的环境,那么我们掌握的所有的科学知识就没有什么价值可言。本章探讨了儿童的直接环境,帮助儿童了解他们的世界是多么有趣。无论他们生活在哪里,到处都是云、鸟、生物生长和变化,到处都是令人兴奋的天气变化。

我们周围的一切是我们环境的一部分,包括自然界以及人们制造和建造的一切。培养儿童对自然和地球的关爱之情始于帮助儿童发展对其周围环境的欣赏能力。儿童需要在户外玩耍和探索,与植物和动物一起探索,在了解太阳和风的过程中体验乐趣和兴奋。儿童不需要了解环境问题,如污染、被毁坏的雨林和濒危野生动物。现在让儿童在大自然中享受快乐的体验,当他们长大后,他们会对环境非常关心并且成为环境的好管家。

准备

将以下材料或其他有趣的物品放在探索区或教室里其他适当的地方,供儿童在自由探索时间进行探究。

- 自然材料，例如：土壤样品、干净的沙子、棍子、树枝、岩石和当地环境中的其他原材料。
- 人造材料，例如：小塑料袋、铅笔、塑料吸管、塑料昆虫、混凝土块、砖块和人造花。
- 用于增强儿童观察力的工具，例如：放大镜、磁铁、识物图画书、用于对物体进行分类的容器、漏斗、标尺、温度计、显微镜、镊子和滴管。

自由探索

在开始第一个活动之前，创建一个班级发现表，用于记录儿童在他们的环境中了解过的事物。

教师问："附近有什么生物？你是否曾在路的裂缝里看到过蚂蚁？周围是否有植物？你知道的最大的植物是什么？是树吗？你住的地方有植物吗？那里有松鼠、蜥蜴或蜜蜂吗？你了解天气吗？"鼓励儿童尽可能多地思考他们在环境中发现的事情。当儿童分享自己的想法时，考虑如何将他们关于环境的问题纳入接下来的活动中。

在教室里张贴发现表，并在开展本章活动时将其保留。不时地询问儿童是否想要在发现表中添加一些内容，或者他们是否想要更改其中的信息。

让儿童有充分的机会在教室里研究新材料。虽然儿童在第一次探索这些材料时可能需要一些指导或建议，但教师要尽可能地让他们自由探索，而不是过度指导他们的探索，这一点很重要。

随着活动的进行，将儿童的发现添加到"了解我们的世界"发现表中。

绘制：尺寸问题

本活动介绍了两个表示差异的词语：大和小。画大的和小的物体有助于强化儿童对这些词的含义的理解。这些画可能不是真实的，但即使是年龄非常小的儿童，也可以指出其作品中尺寸方面的差异。这种区分是测量的最初形式。

科学内容标准

儿童注意到物体的异同并将它们进行分组。（科学探究；非标准测量——线性测量）

怎么做

1. 给儿童呈现两个物体。与儿童讨论哪个物体较大，哪个物体较小。考虑使用"大"和"小"两个词。让儿童告诉你物体的相似与不同之处。将儿童的观察结果集中在尺寸上而不是其他方面。

2. 请儿童掂量这些物体，讨论它们在手中的感受。教师说："看，小石子和你的拇指一样大，大石头覆盖了你整只手！"

3. 鼓励儿童将物体放在桌子上，用手指沿着物体边缘画一个圈。儿童能画出适合每个物体的圆吗？鼓励儿童在观察两种物品时使用比较性语言。

4. 提供纸张、记号笔、铅笔等，要求儿童思考两个物体或形状，然后画出来。让儿童比较他们所创造的两个图像的大小。然后询问儿童哪个图像较大，哪个图像较小。

科学过程技能

- 聚焦观察
- 观察分类

科学词汇

- 相似
- 小
- 大
- 相同
- 不同
- 尺寸
- 巨大的
- 小型的

材料

- 两个相似的物体，一个大一个小，如两个岩石、两个球或两种植物
- 蜡笔
- 大号报纸和记号笔（用于制作发现表）
- 纸

第八章 了解我们的世界 | 239

> **儿童读物**
>
> 塔娜·霍本（Tana Hoban）的美丽的摄影作品《它更大？它更小？》（*Is It Larger? Is It Smaller?*）将为儿童提供世界中有关大和小的物体的许多想法。
>
> 在杰基·戴维斯（Jackie Davis）和戴维·索曼（David Soman）的《瓢虫女孩》（*Ladybug Girl*）一书中，露露是瓢虫女孩，她"体型太小"而不能和哥哥玩，但她又是高大的，可以帮助小蚂蚁。她从树上看，她的大哥哥变得很小。阅读此书，你将与瓢虫女孩露露一起享受各种有关大小的冒险活动！

5. 让儿童画出相应物体的图像或形状，但要夸大尺寸，使图像比物体的实际尺寸小得多。或者让儿童更换物体的尺寸，使图像变得比实际物体大。帮助儿童在图像旁标上大小。

简单操作

- 鼓励儿童使用其他材料，如黏土、颜料或皱褶纸。

增加挑战

- 随着儿童逐渐熟练掌握大小的概念，教师可以增加更多的物体并让他们比较这些物体的大小。有些儿童能够理解物体大小的差异，并将三个或三个以上的物体按从大到小的顺序排序。

观察和评估儿童的科学学习

- 看看儿童绘制的成对的物体和形状，他能否指出哪些物体较小，哪些物体较大？

科学课程

语言与读写——制作一个包含两栏词的"发现表"：一栏用于描述大的物体，另一栏用于描述小的物体。儿童可能会使用"微小的""极小的""很小的"等形容词来描述小的物体，用"很大的""巨大的""极大的"等形容词来描述大的物体。

数学——在本活动中，儿童通过直观地比较物体的大小来测量物体。

户外活动——将剪贴板和绘画材料带到户外。与儿童讨论他们看到的植物。儿童能把它们画得像一棵树那样大，像一颗橡子那样小吗？让儿童绘制

主题连接

反义词

- 这些关于大小的经验是对反义词的完美补充。

鞋

- 让家庭向班级捐赠几双旧鞋，在班级中创建一家"鞋店"。儿童可以探索大和小的概念，因为他们可以比较婴儿鞋、儿童鞋、成人鞋、工作时穿的鞋、娱乐时穿的鞋、晚上穿的鞋和白天穿的鞋。和儿童一起观察、测量、分类，研究各种不同的鞋子。

一些大的和小的植物。儿童可能会选择一些大型植物（如灌木），也会选择较小的植物（如蒲公英）。儿童能让这两种植物看起来不同吗？他们还能在外面找到哪些大的或小的植物？

家庭参与

将每个儿童所画的大大小小的物体的画册寄回儿童家。让儿童的家人用家中可用的大物品和小物品与儿童一起重复此活动。此外，鼓励家长查看儿童的作品，然后在家中寻找他们认为面积不同或体积不同的物品。

结合科技

使用各种镜头使物体看起来更大或更小。儿童可以通过双筒望远镜的两端观看。

热　点

太阳不仅给我们带来了光,也给我们带来了热量。这项简单的温度计体验活动可以让儿童了解温度测量的概念。选择一个阳光明媚的日子,让儿童寻找温度高的地方。

科学内容标准

当儿童将温度计放置在不同温度的地方时,他们会观察温度计的变化。(科学探究;测量——温度测量)

怎么做

1. 向儿童展示温度计,并说:"这些是科学家们使用的特殊温度计。今天,你将成为科学家,了解温度计的用途。有人见过其他种类的温度计吗?"有些儿童可能会分享测量体温的经验。有些儿童可能家中有温度计。教师说:"我们来看看我们的手能否判断温度。摸摸这盆水的侧面。现在将手放在蛋糕盘的两侧。感觉如何?你是对的。一个是热的,一个是凉的。"

2. 鼓励儿童检查温度计,询问他们注意到的有关温度计的信息:"你能找到温度计上的小红线吗?我们将了解它的作用。小科学家们,你们准备好调查了吗?你们在温度计的末端看到小圆球了吗?"让儿童将温度计的这一部分放在温水盘中。教师引导儿童观察温度计的变化。例如,说:"我想知道我们的温度计能做些什么。你说得对,德米特里。这条线越来越长。它沿

科学过程技能

- 聚焦观察

科学词汇

- 冷
- 热
- 测量
- 温度计
- 温度
- 温暖

材料

- 蛋糕盘或其他平坦稳定的容器,一个装冷水,一个装温水
- 几种价格低廉但易于读数的温度计

儿童读物

洛拉·M.谢弗(Lola M. Schaefer)所著的《炎热的一天》(*A Hot Day*)和《寒冷的一天》(*A Cold Day*)向孩子们展示了日常气温如何影响我们的行为。

儿童读物

尼娜·克鲁斯（Nina Crews）所著的《一个炎热的夏天》（*One Hot Summer Day*）讲述了在炎热的夏日里一个城市女孩、气喘吁吁的狗和紫色雪糕的故事。

主题连接

游戏

- 玩"温度计"。指出位置，让孩子们像温度计的红线一样移动身体：双手伸直举向高的地方代表热，双臂垂下代表一般温度，蹲下代表寒冷。例如，教师说"在炎热的操场上晒太阳"或"在冰块上"。保持快节奏的游戏会强化儿童对温度计的认识。

工具

- 温度计是人们用来提供有关天气、身体和烹饪信息的工具。人们还可以使用哪些工具来获取信息？例如，为儿童提供可使用的天平。让他们练习称量不同的物体。

天气

- 温度计是探索天气和季节变化的最佳工具。

着温度计上升。让我们试一下冷水，看看会发生什么。它在下降，朱莉。我也看到了。"

3. 让儿童用手感受，寻找室内或室外温暖和凉爽的地方，用温度计进行测试。当他们尝试不同的地点时，询问儿童温度计上的线在上升、下降还是根本没有什么变化。

4. 召集小科学家们一起讨论他们的观察结果。对于温度计上的红线，他们观察到了什么？分享令人激动的发现："你发现温度计是如何告诉我们温度的。当温度较高时，刻度线会变长。你们能使温度计的刻度线变长变高吗？当温度计测量的物体温度低时，红线会向下朝小球那头挤压。你们能使红线回到小球吗？"

简单操作

- 让儿童在纸上绘制温度计或者在发现日记上描述用温度计测量的过程。鼓励儿童写下他们的观察结果。

增加挑战

- 让儿童使用准确的数字记录各个地点和物品的实际温度。

观察和评估儿童的科学学习

- 当将温度计放到温度不同的地方时，儿童能否描述温度计上的红线的变化？

科学课程

数学——在本活动中，儿童阅读温度计上的数字，并且使用温度计测量温度。儿童还可以比较不同时间和地点的温度读数。

回　　收

科学过程技能

- 聚焦观察
- 观察分类

科学词汇

- 较少
- 最少
- 一点
- 类别名称
- 更多
- 最多
- 回收
- 分类

材料

- 用作回收箱的纸箱
- 记号笔、钢笔、蜡笔
- 可回收的物品

本活动直接涉及许多社区正在进行的回收活动。儿童在清理垃圾的同时，会培养和实践良好的保持环境卫生的习惯。高年级的儿童可能已经有了回收计划。如果是这样，就可以邀请这些儿童到你的班级里来帮助你开始计划。如果你的学校没有回收计划，那么是时候开始一个回收计划了。

科学内容标准

儿童会注意到物体之间的异同，以便将它们进行分组；同时使用简单的描述性语言来描述物体。（科学探究）

活动前

了解社区中的回收指南。一些社区将材料分为纸、塑料和金属；一些社区需要进行更具体的分类；一些社区没有要求任何分类。所有的材料放在同一个垃圾桶中吗？思考如何从你待的地方运走回收物。是否有社区接送服务？是否有社区志愿者或员工愿意轮流将回收物送到回收站？请设置日程表并张贴。你可能需要在该制度建立和垃圾分类成为每个人的习惯前坚持提醒。

怎么做

1. 鼓励儿童参与关于回收的讨论。询问儿童之前是否听过"回收"这个词，以及他们认为这个词的意思是什么。向儿童解释回收的含义，并讨论回收对于保护环境和减少浪费的意义。

> **儿童读物**
>
> 凯特·麦克马伦（Kate McMullan）和吉姆·麦克马伦（Jim McMullan）创作的《我很脏》（I'm Dirty）和《我很臭》（I Stink）两本书会让孩子在了解垃圾回收的过程中开怀大笑。
>
> 萨拉·布里奇斯（Sarah Bridges）、德里克·奥尔德曼（Derrick Alderman）和丹尼丝·谢伊（Denise Shea）创作的《我开着一辆垃圾车》（I Drive a Garbage Truck）和安德烈亚·齐默尔曼（Andrea Zimmerman）、戴维·克莱梅沙（David Clemesha）以及丹·亚卡里诺（Dan Yaccarino）创作的《垃圾城》（Trashy Town）可以引发人们对如何回收利用有用的物品而不是扔掉它们这个问题的讨论。

2. 将可回收材料（包括报纸、邮件、未用完的学校日历、罐头、瓶子等）收集起来供儿童研究。说："这都是我们不再需要的，因此我们将回收这些资源。"询问儿童，他们的家人是否会回收物品。有些儿童可能会自愿这样做，询问他们回收了什么。"你将要把回收的物品放在哪里？你家里有回收箱吗？"

3. 向儿童展示你带到学校用作回收箱的箱子。提供多种记号笔、钢笔和蜡笔。与儿童一起制作回收标识，确保标识与社区准则一致。分别为金属、纸张和塑料做标识，尽管你的社区中存在混合回收的情况。这将为儿童带来分类的体验。

4. 请儿童帮助你把你所带来的可回收材料进行分类。有些儿童能够在整理材料时统计物品的数量。

5. 大声询问："教室周围是否还有其他可回收利用的东西？"建议儿童检查废纸篓里是否有纸张。在吃加餐时，问儿童应该如何处理空的牛奶罐和装加餐的盒子。如果外面有垃圾，那么可以与儿童讨论它们是否可以回收。让儿童将材料放入适当的垃圾箱中。最初儿童可能很难确定某些物品应放的位置，教师可以让儿童进行讨论。让儿童比较每个箱子装的材料数量。问："哪一个箱子装的东西最多？哪一个箱子装的东西最少？"

简单操作

- 有些儿童可能会被大量的材料迷惑。给他们提供一个装有少量收集物的箱子，便于他们分类。

主题连接

小剧场

- 让儿童使用可重复使用的材料来制作戏剧表演的道具。他们可以制造车辆或飞行器,食物玩具,或者医生办公室里的仪器。

我们的社区

- 重复使用、回收利用以及与儿童一起进行环境管理应该成为社区日常生活的一部分。

增加挑战

- 给每个纸箱称重,然后比较数量。比较纸箱的容积。哪种材料能将纸箱装满?它最重吗?

观察和评估儿童的科学学习

- 为儿童提供一组可回收材料,儿童是否可以将大部分材料进行分类并放到正确的箱子里?

科学课程

数学——在本活动中,儿童使用"更多""多数"和"更少"等词语比较回收箱的容量。儿童还会数他们放入回收箱中的物品的数量。

动物观察员

步行观察动物是收集环境中的动物信息的绝佳方式。在旅途中,儿童享受在定位、识别和细数所看到的动物时的兴奋。

科学内容标准

儿童将观察动物生活的户外环境。(科学探究;生命科学——生物的特征)

怎么做

1. 与儿童分享你对生活在你周围的动物的好奇心。告诉他们你将步行去寻找动物。然而,在活动之前,他们将制作一个重要工具——望远镜。向儿童展示如何制作玩具望远镜。注意帮助那些难以用不透明胶带组装两个硬纸管的儿童。提供蜡笔,让儿童可以装饰他们喜欢的望远镜。

【注意】不要使用水性记号笔。因为当儿童使用望远镜时,水性记号笔的墨水会染到儿童的手上和脸上。

2. 当儿童活动时,问他们今天早上在上学路上看到了什么动物。他们可能会说看到了松鼠、蜥蜴、狗或猫。

3. 教师说:"今天我们要出去走一走。我们将使用望远镜来看看我们可以发现多少种动物。"

4. 带儿童到户外散步。提醒儿童要轻轻地走,以免惊扰或吓跑动物。教师说:"当你发现动物时,请告诉我,你认为它是什么。"儿童所能看到的动物种类取决于其所在的地区,儿童可能会看

科学过程技能

- 聚焦观察
- 组织和交流观察结果

科学词汇

- 动物名称(如"昆虫""蠕虫""鸟""狗""麻雀"等)
- 望远镜
- 工具
- 野生动物

材料

- 剪贴板和理货单
- 蜡笔
- 空硬纸管
- 大号报纸和记号笔(用于发现表)
- 不透明胶带

> **儿童读物**
>
> 梅尔·博林（Mel Boring）所著的《毛毛虫、虫子和蝴蝶》（Caterpillars, Bugs and Butterflies）、《鸟、巢和蛋》（Birds, Nests and Eggs）和《兔子、松鼠和金花鼠》（Rabbits, Squirrels and Chipmunks）都是随身携带指南系列中比较有用的书。尽管这两本书适合年龄稍大些的儿童阅读，但4—5岁的儿童也喜欢阅读它们。儿童很愿意更多地了解他们身边的动物。

> **主题连接**
>
> **社区助手**
> - 当儿童在户外时，鼓励他们寻找社区助手。写出他们看到的社区助手。
>
> **交通**
> - 儿童可以找到各种交通工具。让儿童以各种方法对运输方式进行分类。

> **有特殊需要的儿童**
>
> 确保有视力障碍的儿童熟悉要去的地方。让这些儿童排在队伍的前面，这样你就可以在其他孩子观察动物时描述它们。

到鸟类、狗、猫、昆虫、松鼠甚至牛或马。

5. 记下儿童在散步时看到的动物。当你们在一起交谈时，通过提供新词语来帮助儿童扩展他们的描述性语言。在后续的步行中，比较他们这次看到的与上次体验到的不同的内容。

6. 回到教室后，参考列表，讨论儿童发现的动物。制作一张发现表，列出他们看到的动物。当儿童告诉你他们在后续步行过程中看到的其他动物时，用另一种颜色的记号笔把它们添加到列表中。考虑制作另一张图表，用来列出儿童的宠物。

简单操作

■ 让儿童绘制他们在发现日记中看到的动物，如果可以，请他们添加描述性文字或者记录他们的评论。

增加挑战

■ 鼓励儿童浏览关于鸟类、昆虫和其他动物的书籍。儿童能否找到他们在户外看到的动物的图片？在不同的季节寻找不同的动物。儿童能否在一年中的不同时间注意到不同的动物？

观察和评估儿童的科学学习

■ 儿童能否说出他所观察到的常见动物的名字？

科学课程

数学——在本活动中，儿童会统计和比较不同种类的动物的数量。

鸟无处不在

科学过程技能

- 聚焦观察

科学词汇

- 动物
- 喙
- 鸟
- 不同种类的鸟的名字
- 羽毛
- 飞
- 鸟巢
- 翅膀

材料

- 喂鸟器
- 剪贴板
- 野外指南
- 纸和蜡笔（用于制作发现书）

向儿童展示生活在周围环境中的鸟类可以培养他们的一种爱好：观鸟。鸟类的行为在每个季节都不同。鸟儿在春天迁徙和交配，在夏天养育它们的孩子，在秋天迁徙，并在冬天寻找生存的办法。

科学内容标准

儿童在户外环境中观察鸟类；儿童使用简单的描述鸟类的语言。（科学探究；生命科学——生物的特征）

活动前

在进行本活动前，请将喂鸟器放在学校内。奥杜邦协会（The Audubon Society）是全国最活跃的环境保护组织之一，由喜欢观赏鸟类的人组成。你可以联系这个组织的成员，以帮助你和儿童开展鸟类之旅。

怎么做

1. 带儿童在操场或附近的公园散步、观鸟。当儿童发现鸟时，让他们密切观察。教师问："鸟是如何移动的？你在这只鸟身上看到了什么颜色？"
2. 使用剪贴板和纸，将儿童的观察结果记录在发现书中，以供他们以后说明。尝试识别鸟类并给其命名，并注意它们之间的差异。例如，鸽子的运动方式与麻雀和知更鸟的运动方式有很大不同。
3. 如果你不知道你看到的鸟的名字，那么请儿童

> **儿童读物**
>
> 凯文·亨克斯（Kevin Henkes）和劳拉·德农泽克（Laura Dronzek）创作的《鸟类》（*Birds*）一书从听鸟唱歌的简单经验开始，是一本将概念和关于鸟类的奇妙想象结合在一起的有趣的书。
>
> 凯瑟琳·西尔（Cathryn Sill）和约翰·西尔（John Sill）创作的《关于鸟类——儿童的指南》（*About Birds : A Guide for Children*）一书通过清晰的文字和吸引人的插图为读者提供了可靠的信息。
>
> 简·奥康纳（Jane O'Connor）在其所创作的《充满想象力的南希——非凡的探索家》（*Fancy Nancy: Explorer Extraordinaire!*）一书中介绍了如何制作一个喂鸟器。

> **主题连接**
>
> **动物**
>
> - 利用这个活动来观察和了解你周围环境中的其他动物。

描述它们。然后查看野外指南来确定它们是什么种类的鸟。儿童可以思考自己识别鸟类的方法（通过颜色、标志或行为），如："挂在树上的鸟"为啄木鸟。如果你说出你知道的鸟类的名字，他们也会学习到鸟类的名字。

4. 与儿童谈论鸟类，教师问："我们在哪里可以看到鸟？它们是在水里、地上、树枝上、树皮上、灌木丛里还是在高高的树上？鸟儿在干什么？它们在跑、飞、跳跃、睡觉、坐着，还是在吃东西呢？"

5. 在观察喂鸟器时重复此活动。儿童是否能注意到有些鸟比其他鸟更常见？

6. 带儿童回到室内。在发现书中记下儿童对他们所看到的鸟类的描述，并把这几页抽出来发给儿童。提供记号笔、蜡笔和彩色铅笔，请儿童画出他们看到的鸟。

7. 正如儿童在发现书上展示他们看到的鸟类的图画一样，回顾他们之前的观察结果，帮助他们回顾细节，例如：鸟有多少只腿，羽毛的颜色和鸟类的大小。

简单操作

- 给附近常见的鸟类拍照，和孩子们一起制作一个野外指南。整理照片，在边角处打一个孔，然后把照片叠套在一起，这样就很容易随身携带了。

增加挑战

- 鼓励儿童继续观察并画出熟悉的鸟类。他们观察和画出的鸟类越多，其在观察和绘画方面也就越精准。

观察和评估儿童的科学学习

- 儿童能否用言语或动作来描述鸟类的行为。

科学课程

数学——在本活动中,儿童比较鸟类的大小并估算鸟的数量。儿童还计算了他们看到的鸟的数量。

家庭参与

各行各业都有人喜欢观鸟和喂鸟。询问家长或他们认识的人是否愿意与儿童分享他们关于鸟的知识。

快速检查：了解我们的世界

与朋友分享

通过展示、讲述、绘制和记录，儿童与朋友分享以前活动中所获取的经验。这些信息为教师提供了一个参照点，让他们了解何时应分享有关世界奇迹的更具挑战性的发现。

科学内容标准

儿童能够使用简单的描述性语言来描述环境；儿童将注意并描述环境中生物和非生物之间的异同；儿童将交流他们的观察结果。（科学探究；地球科学；生命科学）

怎么做

1. 邀请其他班级的儿童、幼儿园园长（或校长）或其他成年朋友来参加课堂活动。
2. 与儿童讨论他们需要如何让朋友或朋友们了解他们通过观察了解到的世界。

近距离观察

展示——儿童通过向朋友展示他所制作和收集的物品来分享自己对世界的了解。

描述——每个儿童轮流向受邀的朋友讲述自己的发现以及正在学习的世界中的有趣事物。

绘画——让儿童创作一幅作品，描述其所了解或观察到的环境的某些方面。在教室里展示儿童的

科学过程技能

- 聚焦观察
- 观察分类
- 组织和交流观察结果

科学词汇

- 环境
- 自然
- 植物和动物的名称及其他与环境相关的特殊的词语

材料

- 蜡笔、绘画颜料、记号笔等
- 纸

作品供朋友们观察。

书写——让儿童发挥前写作能力,在发现日记中为画作拟写标题,描述他所了解的关于环境的所有知识。儿童可以与受邀的朋友分享他的日记。

观察和评估儿童的科学学习

- 儿童的表达是否表明他对周围环境的理解和欣赏的程度日益加深?

户外活动

云的照片

云有各种形状和大小。这是让儿童对云的绘制过程变得有趣的部分原因。帮助儿童注意薄薄的稀疏的卷云。它们与雷暴云和积雨云截然不同。

科学内容标准

为了将不同的云分到不同的组,儿童会注意到云之间的异同;同时使用有关云的简单描述性语言。(地球科学)

怎么做

1. 在有云的日子带儿童到户外。让儿童躺在地上看云。与儿童谈论他们看到的云。云是蓬松的还是细长的?层积云有层次。儿童能看到这些云的轮廓吗?他们能否用手或身体做出云的形状?

2. 向儿童展示收集的材料。例如,教师说:"我们仔细地观察了云。现在我们为云绘制图画。有时我们会以很多方式做我们想要做的事情。这次我们将成为科学家。我们将画一些云的图画来帮助我们记住云今天的样子。看看我们要用的材料,你认为什么最适合用来描绘你看到的云?"让儿童自主选择材料来表现自己的云。当他们开始绘制时,提醒儿童思考如何描绘出形象逼真的云。

3. 在不同的日期重复此活动,以便儿童可以看到各种各样的云和天气状况。与儿童讨论这些云有哪些异同。

科学过程技能

- 聚焦观察
- 观察分类

科学词汇

- 卷云
- 云
- 积雨云
- 积云
- 天空
- 层积云

材料

- 棉花
- 蜡笔、粉笔或白色和灰色颜料
- 胶水
- 纸、各种蓝色和灰色阴影(如果有必要)

儿童读物

汤米·德葆拉(Tomie dePaola)创作的《云之书》(The Cloud Book)是一本简单的有关云的实地指南,它还提供了一些有趣的民间传说。

儿童读物

查尔斯·G.肖（Charles G. Shaw）创作的《就像打翻的牛奶》（*It Looked Like Spilt Milk*）是一部深受大众喜爱的经典作品，书里有简单的、重复的叠句，就像是云所形成的各种形状。

埃里克·卡尔（Eric Carle）所著的《小云朵》（*The Little Cloud*）也是一个小故事。

帕特里西娅·波拉科（Patricia Polacco）所著的《暴风雨蛋糕》（*Thunder Cake*）可以帮助儿童克服对雷电的恐惧。

主题连接

艺术

- 查看云的照片、儿童画的云以及艺术家们［如文森特·梵高（Vincent van Gogh）、克劳德·莫奈（Claude Monet）或温斯洛·霍默（Winslow Homer）等］画的云。它们看起来都不一样！讨论科学观察性绘画和创造性艺术之间的差异，让儿童体验两种绘画。

简单操作

- 当观察云时，请注意它们的移动方向。列出相关的天气事件，如刮风、下雨、下雪、打雷和闪电。

增加挑战

- 用三种常见的云创建一个布告栏，这三种类型分别是：卷云、积云和层积云。与儿童谈论这三种云，并要求儿童将其画作放在正确的名称下。当你提供这些词语时，有些儿童可能会用到云的正确名称。问儿童："为什么你们看到的云是相似的？"

观察和评估儿童的科学学习

- 儿童的图画是否能显示出其对云的独特形状的感知？

科学课程

语言与读写——在本活动中，儿童使用自己的语言来描述他们看到的云。

数学——在本活动中，儿童比较了各种云的大小和形状。

挖掘蒲公英

蒲公英是研究植物的结构和状态的最佳植物。蒲公英有许多叶子,它的花很独特,其种子具有独特的排列形式。蒲公英与向日葵、雏菊同属于复合花,几乎能在任何地方生长。

科学内容标准

儿童会使用简单的语言描述植物;儿童将交流他们的观察结果。(科学探究;生命科学——生物的特征)

怎么做

1. 在附近的草地寻找蒲公英。向儿童展示蒲公英的花、花蕾和由花变成的种子。与儿童谈论花的生长过程,告诉儿童花就像人一样,会经历年轻、成长、变老直到死亡的过程。
2. 向儿童展示如何用移植铲挖出几种处于不同生长阶段的植物。问儿童:"为什么这些植物难以挖掘?"和儿童一起检查蒲公英的根部。教师问:"它和到处可见的草根一样吗?它有何不同?"
3. 让儿童仔细地观察这些植物。指出花发育的不同阶段(从非常嫩的花苞到已经脱落的种子)。看看儿童是否可以根据它们的发展阶段来将其排序。

简单操作

- 让儿童在发现日记中画蒲公英的图像。鼓励儿童为他们的画做标注。

科学过程技能

- 聚焦观察
- 观察分类

科学词汇

- 芽
- 蒲公英
- 花
- 叶子
- 种子
- 主根
- 根
- 工具
- 除草

材料

- 移植铲

儿童读物

与儿童分享一个或多个版本的俄罗斯民间故事《拔萝卜》(*The Enormous Turnip*),让儿童知道蒲公英并不是唯一拥有难以拔起的根的植物。

儿童读物

珍妮特·史蒂文斯（Janet Stevens）所著的《顶部和底部》（Tops and Bottoms）曾获得凯迪克银奖，该书讲述了一个幽默的故事，在书中魔术师展示了人们如何利用植物的顶部和底部。

主题连接

艺术

- 向儿童展示关于花的艺术形象，问："梵高如何画向日葵？雷诺阿如何画玫瑰？乔治娅·奥基夫如何画野花？绘本的插图画家是如何画花的？"儿童如何制作蒲公英？

有特殊需要的儿童

有感觉统合问题的儿童在接触土壤和蒲公英时可能会感到不适。让这些儿童与一名同学一起挖掘和处理植物。

增加挑战

- 煮过蒲公英根的水会变成棕色或黄色，将其作为颜料。将白色的棉布或纱线染色，把这些染色条放在外面，让儿童将其用于编织或其他用途。

观察和评估儿童的科学学习

- 儿童能否根据成长阶段来对挖出的蒲公英进行排序？

科学课程

数学——在本活动中，儿童根据植物的发展阶段将植物进行排序。

科学与自然——本活动提供了介绍和探索植物根部结构的简单方法。

家庭参与

在儿童对植物根部有了一定的了解并熟悉移植铲的用法后，鼓励孩子在家里与家人分享此项活动。

第八章　了解我们的世界 | 257

羽毛风量仪

风向和风速是每日天气预报中的重要天气信息。儿童也可以使用简单的风量仪来确定风向。

科学内容标准

儿童开始使用简单的关于风的描述性语言交流他们的观察结果。（科学探究；地球科学）

怎么做

1. 帮助儿童将一根绳子系在羽毛的根部，每根绳子上系一根羽毛。
2. 让儿童假装是风，轮流吹对方的羽毛。问："当我们停止吹风时，羽毛会发生什么？"
3. 将羽毛风量仪带到外面。问儿童外面有没有风。让他们分别寻找风大、风小的地方。问孩子们："带着羽毛风量仪跑时会发生什么？"
4. 带儿童回到室内。为儿童准备纸、记号笔、蜡笔和彩色铅笔，让儿童在无风、大风和微风习习的日子里画出羽毛风量仪。

简单操作

- 让儿童将风量仪作为通风探测器，以探测通过窗户和门进入教室的空气。

增加挑战

- 选择特定时间，将有风和无风的风力等级记录在日历上。让儿童制作图表，并将有风天与无风天的天数进行比较。

科学过程技能

- 聚焦观察

科学词汇

- 吹
- 平静
- 快速
- 测量
- 轻柔
- 猛烈
- 静止
- 缓慢
- 关于风暴的词（如"风""雷声"和"刮"）
- 工具

材料

- 羽毛（可在工艺品商店购买）
- 记号笔、蜡笔和彩色铅笔
- 细绳

儿童读物

帕特·哈钦斯（Pat Hutchins）创作的《风吹啊吹》（The Wind Blew）和玛丽·霍尔·埃斯（Marie Hall Ets）创作的《吉尔伯托和风》（Gilberto and the Wind）展现了在刮风的天气里可能发生的两种完全不同的情况。

主题连接

天气

- 羽毛风量仪是儿童用来调查天气的工具之一。用它来测试风向，看看今天是否适合放风筝或者玩帆船。

观察和评估儿童的科学学习

■ 儿童能否使用风量仪来判断风的存在？儿童可以在大风天通过观察户外的情况来预测羽毛风量仪在当天会飘动。

科学课程

数学——在本活动的"增加挑战"部分中，儿童制作了一个表来比较有风的天数与无风的天数。

家庭参与

让儿童将羽毛风量仪带回家，向家人展示风量仪的工作原理。

第八章　了解我们的世界

匹配最佳的树

科学过程技能

- 聚焦观察
- 观察分类
- 组织和交流观察结果

科学词汇

- 树皮
- 树
- 树枝
- 树名
- 树叶
- 树干
- 树根
- 叶脉

材料

- 收集袋
- 三种树木的树叶
- 周围至少有三种树木的学校或附近的公园

儿童读物

利奥·利奥尼（Leo Leonni）创作的《忙碌的一年》（*A Busy Year*）和艾伦·兹韦贝尔（Alan Zweibel）与戴维·卡特罗（David Catrow）创作的《我们的树叫史蒂芬》（*Our Tree Named Steve*）都讲述了关于爱护树木的感人故事。

知道学校和社区的树木的名字相当容易，因为通常学校和社区里的树的品种很少，了解这些树木的名称和树叶可以让儿童对户外有一种求知欲和信心，可能还会引发更多的探索活动。当秋天到处都是树叶时，教师可以组织儿童收集树叶。

科学内容标准

儿童会注意到不同树叶之间的异同，以便将它们进行分组；同时使用简单的描述性语言讨论树叶。（科学探究；生命科学）

活动前

从附近的三种树上采集树叶。在每个儿童的书包里放一片每种树的树叶。

怎么做

1. 带儿童去收集树叶。与儿童谈论树叶的形状、颜色和纹理。说："有些树叶摸起来很粗糙，而有些树叶则很光滑。有些树叶（如冬青树叶）有很多刺，会伤到人。"
2. 拿起一片树叶，观察它。例如，如果是枫叶，那么教师可以说："这是枫树的树叶。我们识别一种树的其中一个方法就是看它的树叶。同一种树的所有树叶看起来都一样。"
3. 给每个儿童一个手提袋，让儿童查看他们的袋子。说："你的袋子里有三片树叶。我希望你能取出一片和我拿着的这片树叶相似的树叶。"

儿童读物

贾尼丝·梅·伍德里（Janice May Udry）创作的《树真好》（*A Tree is Nice*）曾获凯迪克金奖，这是一本经典的关于树木的精美插画书。

还有些书，如盖尔·吉本斯（Gail Gibbons）写的《树——关于孩子们的树》（*Tell Me Tree: All About Trees for Kids*）和戴安娜·伯恩斯（Diane Burns）创作的《树，树叶和树枝》（*Trees, Leaves and Bark*）具有一定的阅读难度，但会为你和儿童提供很好的参考。

主题连接

自然

- 利用自然环境中的其他元素开展匹配活动。你所在的地区还有哪些自然元素可以让儿童来匹配？可能包括岩石、松果和三叶草花。

有特殊需要的儿童

为乘坐轮椅的儿童寻找同伴，让他们一起采集树叶。

4. 当所有儿童都找到了与教师手里拿的树叶相似的树叶时，教师说："我们试试在树上找到这样的树叶。"走到不同的树下，与树叶匹配，直到找到同类型的树叶。儿童会发现每种树都有自己特殊类型的树叶，树上的树叶通常都是相似的。

简单操作

- 使用采集的树叶制作树叶鉴定簿。邀请当地了解树的专家来到该地，帮助儿童给树命名并寻找新的树。

增加挑战

- 如果附近有多种类型的树，那么教师可以让儿童自己制作树叶袋，添加三片他们不认识的树叶。让儿童相互交换袋子，要求每个人识别树叶来自的树木。

观察和评估儿童的科学学习

- 如果有三种类型的树叶，儿童能在他的袋子里找到同类型的树叶吗？
- 儿童能描述树叶之间的差异吗？

科学课程

语言与读写——在本活动中，儿童使用描述性语言谈论树叶的形状、纹理和颜色。

数学——在本活动中，儿童找到树叶，并将它们与已放入袋子中的树叶样品相匹配。儿童还对树叶进行了分组和分类。

绘制我们的世界

与儿童一起制作一张户外地图，并用它来帮你记录所有的特殊发现。这是了解我们的世界的另一种方式。

科学内容标准

儿童开始使用关于环境的简单的描述性语言；儿童注意并描述环境中物体的异同；儿童通过绘制地图来表达他们的观察结果。（科学探究；地球科学；生命科学）

怎么做

1. 当儿童观察时，制作一张校园地图。请按照与建筑物相同的方位绘画。画出建筑物和人行道，标注主要区域，描述你正在画什么："我正在绘制地图。地图是表示我们户外空间的一种特殊图片。"通过谈论小地图如何表现大校园来介绍比例的概念。

2. 教师问："我们还需要在地图上加什么？四处看看。你看到了什么？没错，我们需要标注出攀爬架的位置。先把它画在这张小纸上，最后我们会把它粘贴在地图上。"然后将一张纸剪成合适的尺寸，使纸片大致与地图的比例相匹配。问儿童："我们还需要画什么？"包括固定的游戏设备、树木、灌木和其他大型物体。在制作地图时，请使用关系词和方位词，如"上方""低于""下方"和"旁边"。说："幻灯片旁边是什么？"讨论地图是如何展现你的校园的。

3. 带儿童在校园里四处走走，以确保地图基本完整。

4. 随着季节变化或儿童的新发现，在地图上添加细节。让儿童将他在滑梯下找到的蟑螂和即将长

科学过程技能

- 聚焦观察
- 观察分类
- 组织和交流观察结果

科学词汇

- 地图
- 方位词（如"上方""低于""下方""旁边"等）

材料

- 胶水
- 大号报纸或不透水纸
- 记号笔
- 剪刀
- 小纸片
- 胶带

儿童读物

简·奥康纳（Jane O'Connor）创作的《充满想象力的南希——非凡的探索家》（Fancy Nancy : Explorer Extraordinaire!）向儿童展示了一张在鸟类、野花和蝴蝶之间的奇妙旅程的地图。

阅读杰基·戴维斯（Jackie Davis）和戴维·索曼（David Soman）创作的《瓢虫女孩》（Ladybug Girl）或玛格丽特·怀斯·布朗（Margaret Wise Brown）创作的《小毛毛家族》（Little Fur Family），并绘制出主人公探险旅程的地图。

主题连接

我们的社区和社区助手

- 用鞋盒或其他小盒子代表每栋建筑，制作一张周围环境的三维地图。带儿童到户外绘制建筑物的观察图。他们如果有能力，那么可以在盒子上涂上颜色并贴上适当的标签。

出的水仙花加进去。

简单操作

- 通过绘制儿童在游戏中用积木搭建的道路的地图来帮助儿童理解地图可以展现地点所在的位置和道路。

增加挑战

- 带儿童进行一次地图探险活动，找出学校周边的物体。在探险时，参照你和儿童制作好的地图。允许每个儿童在探险过程中收集一个小的、易于移动的物品。提醒儿童记住他们的物品是在哪里找到的。在地图涵盖的整个区域里进行此项活动。在返回教室后，要求每个儿童描述他发现的物品，并在地图上指出他发现的地方。让儿童用胶带或胶水将物品粘贴在地图上。

观察和评估儿童的科学学习

- 儿童是否可以指出地图上的常见物品？
- 儿童是否能认识到可以将地图当作校园的模型？

科学课程

数学——当儿童将地图拿到户外时，他们会将画中事物与真实的地点和事物一一对应起来。当儿童将地图与实际的校园进行比较时，这项活动也让儿童了解了比例的概念。

家庭参与

当家长来接儿童时，儿童可以向他们展示校园地图。鼓励儿童的家庭成员和儿童一起制作家庭周围地区的地图。

拍出我们的世界

科学过程技能

- 聚焦观察
- 观察分类
- 组织和交流观察结果

科学词汇

- 照相机
- 户外
- 世界
- 照片
- 图片

材料

- 电池充电器
- 数码相机
- 充电电池

数码相机可以让儿童有机会发现和记录他们眼中的世界的样子。在这一过程中,儿童对他们周围的一切产生了更深刻的认识。

科学内容标准

儿童使用关于环境的简单的描述性语言;儿童注意并描述环境中生物和非生物之间的异同;儿童通过照片和文字交流观察结果。(科学探究;地球科学;生命科学)

活动前

询问儿童的家人、朋友和同事是否有不再用的数码相机。许多人买了照相机后就没再使用,因为他们换了新的型号的照相机。购买或使用捐赠的电池充电器和充电电池。向孩子们展示如何使用照相机,在室内练习拍摄物体和其他他们发现的有趣的东西,你肯定会惊讶地发现,有些儿童已经有了很多使用照相机的经验。

以小组的形式开展活动。由3~5个儿童组成的小组可以共用一台照相机。

怎么做

1. 与儿童讨论将照相机带到户外的相关事宜,包括额外的护理。例如:"我们使用照相机拍下了我们在教室里所做的许多事情。现在我们要去户外,这样你就可以拍摄外面的世界了。"鼓励儿童思考哪些地方适合拍照。他们认为拍摄什么

> **儿童读物**
>
> 罗莎蒙德·基德曼－考克斯（Rosamund Kidman-Cox）创作的《阿斯本完成的第一本自然书》（*The Usborne Complete First Book of Nature*）将激励儿童在周围环境中寻找生物来拍摄。

是重要的？为什么？

2. 给孩子们推荐一些他们在外面可能会看到的物体的图片，如下雨时的泥坑、干燥的泥土裂缝、蒲公英、蜘蛛网、雨、雪、在风中飘起来的朋友的头发等。不要过度指导儿童。即使是看起来滑稽的照片也很好。当给自己拍照时，儿童可以看到一些只有鼻子的镜头。当给他们的朋友们拍照时，儿童可以看到一些有趣的表情。

3. 把儿童带到室内欣赏他们拍的照片。和儿童一起浏览照片，让他们选出他们最喜欢的照片，并将这些照片放在班级手册中。询问儿童为什么他们认为照片能够说明世界上的东西。说："莫莉制作的怪兽脸的照片很有趣，但它可能并不适合放在班级手册中。"

4. 当儿童选择完后，教师将它们打印成一本《关于我们的世界》的班级手册，并加上标题。

简单操作

- 让儿童把一些照片放在他们的发现日记中，让他们自己添加标题，或者由教师根据儿童的口述为其添加标题。

增加挑战

- 选择一个户外地标，如一棵树或一丛灌木，每个月在这座地标旁给所有儿童拍照。与儿童一起检查每月照片的差异。询问儿童在不同的图片中他们的衣服的变化。问："天气变了吗？植物变了吗？"

主题连接

关于我

- 将儿童两两分组，让他们相互拍照，拍下彼此的手、耳朵等。挑战儿童，让他们根据这些图片识别自己和朋友。

观察和评估儿童的科学学习

■ 儿童能否选出表示周围环境的照片？

家庭参与

计划一次家庭会议，让儿童与父母和其他家庭成员分享关于"我们的世界"的照片和班级手册。

结合科技

将儿童拍摄的照片制作成幻灯片，以在家庭会议中使用。

如果摄像机具有录像功能，那么教师可以鼓励儿童录制他们所看到的事物的短视频。

我们周围的声音

科学过程技能

- 聚焦观察
- 观察分类
- 组织和讨论观察结果

科学词汇

- 耳朵
- 听见
- 聆听
- 声音
- 声源名称

材料

- 大页新闻纸和记号笔（用于制作发现表）
- 磁带录音机（可选）

儿童读物

在安·麦戈文（Ann McGovern）写的《太吵了》（Too Much Noise）一书里，一个男人总是抱怨家里太吵了。他被要求与家里各种吵闹的动物一起生活。当它们离开后，这个男人突然觉得他的家里还不算太吵。书里有关噪声的词语"嘎吱""吱吱""哗哗"等可能会激发儿童思考有关声音的词语。

儿童喜欢探索户外的声音。户外有各种各样的声音——来自大自然和人类的声音。到户外看和听很重要。

科学内容标准

儿童使用简单的描述性语言来描述周围环境中的声音；注意并描述周围环境中声音的异同；交流他们的观察结果。（科学探究；生命科学）

怎么做

1. 将儿童带到户外坐坐，与他们谈论听到的声音。说："当我给你们读一本书时，每个人都会听见我正在读的内容并看到图片。在户外，我们将聆听世界的声音。如果我们想知道是什么发出的声音，那么我们可以到处看看，而不是只看图片。我们安静下来，我想知道我们会听到什么。嗯——我听到了嗡嗡声。我感觉有车经过，你们听到了吗？我听到了沙沙声。我想知道这是什么发出的声音。还有人听到吗？你们觉得这是什么发出的声音呢？我觉得你们是对的，这是风吹树叶的声音。让我们安静地坐一会儿。如果你们听到了什么，请不要说出来，先在你们的脑中思考，直到我说是时候说出来了。"（此活动可能需要某些儿童提前练习。）用录音机录制声音以便回放，稍后与儿童讨论。

2. 大约一分钟后，停下来让儿童告诉你他们听到的内容。他们是否知道是什么发出的声音？还有人听到吗？鼓励儿童描述声音。谈论响亮的声音、动听的声音、烦人的声音、远处的声音、来自动物的声音

第八章 了解我们的世界

主题连接

我和我的身体

- 帮助儿童思考声音。问："你听到的最柔和的声音是什么？什么时候外面最吵？附近最吵的地方是哪里？当你在户外时，你能看到多少只动物的耳朵？"

声音

- 当儿童探索声音时，帮助他们注意大自然发出的声音。儿童在生活场所能听到不同的声音吗？引导儿童比较生物发出的声音与人造物的声音。

和来自机器的声音。你如果使用了录音设备，那么播放磁带使儿童再次聆听声音。问："你们能告诉我现在你们听到了什么吗？是否有你们不能识别的声音？"

3. 返回教室。在发现表上列出儿童记得的声音，当然，如果儿童能够识别出声音，就列出声音的来源。
4. 不时地重复这种经历。在学校或社区附近散步。问儿童："你们听到了什么新的声音？你们在不同的季节或一天中的不同时间里听见过不同的声音吗？"将所有新的声音添加到发现表中。

简单操作

- 让儿童在发现日记上画出在户外会发出声音的事物，并为画贴上标签。还可以考虑让儿童分别画出室内和户外的声源。有没有一些声音，儿童在室内外都能听到？

增加挑战

- 用磁带录音机录下学校不同区域（如操场、厨房和洗手间）里的各种声音。声音可能来自自来水流出、马桶冲水、关门和电话铃。给儿童播放磁带，看看他们能否分辨并说出声音的来源。

观察和评估儿童的科学学习

- 儿童能否说出他在外面听到的一些声音的来源？
- 儿童能否识别出他在录音中听到的声音来源？

家庭参与

请家长列出或记录其家庭周围的声音。他们可以将列表或录音发送到学校，便于孩子们讨论声音及其含义。

有特殊需要的儿童

有听力障碍的儿童可能难以或无法听到各种声音。如果可能，那么让这些儿童将手放在发声物（如电话、冰箱、汽车或任何发出声音时振动的物品）上。

检查要点：了解我们的世界

欢迎来到我们的世界

科学过程技能

- 聚焦观察
- 组织和交流观察结果

科学词汇

- 在整个活动中使用到的词语，如"环境""自然""动物"和"植物"的名称及调查。

材料

- 儿童在了解世界时收集和制作的物品（如树叶、岩石、照片、发现书和发现日记）
- 美术材料（如纸、水彩笔、蜡笔、颜料、胶带和胶水）
- 数码相机（可选）
- 大号纸
- 记号笔

在儿童体验并了解了他们眼前的环境后，儿童自然会和一起生活在这个美妙地方的居民分享他们的发现。

科学内容标准

儿童使用关于其环境的简单的描述性语言；注意并描述其环境中生物和非生物之间的异同；相互交流他们的观察。（科学探究；地球科学；生命科学）

活动前

与另一个班级的教师见面，安排孩子们聚在一起讨论他们的本地环境。

怎么做

1. 让儿童参与谈话，谈论他们最近在开展的所有活动，以及他们对环境的所有发现。谈论他们所发现的这个世界多么有趣和有价值。

2. 告诉儿童，其他班级的儿童想来这里看看他们做了什么，他们的家人也想看看。说："他们想来这里了解我们发现的关于世界的所有有趣的事情。"

3. 查看你在本活动开始时创建的发现表。儿童是否想要补充一些内容？在一张大纸上列出"共享

第八章 了解我们的世界 | 269

创意"列表。请儿童描述他们拍摄的所有照片和制作的所有作品。他们可以与班级访客分享。将每个建议添加到列表中。

4. 让儿童以小组或个人的形式决定他们希望在开放的空间里展示什么。可能需要更多的艺术项目或一首以环境的某些方面为重点的歌曲。让儿童清理操场或学校周围的其他区域，以迎接访客的到来。使用数码相机记录这些经历，并在教室里展示照片。

5. 当访客到达时，让儿童做大部分分享。教师只需观察儿童，偶尔评论一下儿童已经做过的事情，以及他们对周围环境的了解。

6. 在访客离开时可送他们一些东西（如垃圾袋、行动传单），以使他们记住这次访问。垃圾袋可由当地洗车行捐赠。"请勿乱扔垃圾"的传单可以用各环保组织所使用的打印件制作。在网站上查找或自己做一份，打印出来送给每位访客。

观察和评估儿童的科学学习

- 儿童能否与教室访客讨论他的当前环境？
- 儿童分享了哪些信息？他描述的准确性如何？

儿童读物索引

A Busy Year by Leo Leonni, 260

A Cold Day by Lola M. Schaefer, 242

A Color of His Own by Leo Leonni, 34, 209

A Cool Drink of Water by Barbara Kerley, 200, 204

A Day with a Plumber by Mark Thomas, 158

A Drop of Water by Walter Wick, 194

A Hot Day by Lola M. Schaefer, 242

A House for Hermit Crab by Eric Carle, 143

A House Is a House for Me by Mary Ann Hoberman, 143

A Seed Is Sleepy by Dianna Hutts Aston & Sylvia Long, 124

A Tree Is Nice by J. M. Udry, 154, 261

About Birds: A Guide for Children by Cathryn Sill & John Sill, 250

Alberto the Dancing Alligator by Richard Waring, 79

All About Light by Lisa Trumbauer, 216

And the Green Grass Grew All Around: Folk Poetry from Everyone by Alvin Schwartz & Sue Truesdell, 126

Angelina Ice Skates by Katherine Holabird & Helen Craig, 121, 187

Anna Banana: Jump Rope Rhymes by Joanna Cole, 90

Architecture Animals by Michael J. Crosby & Steve Rosenthal, 40

Architecture Colors by Michael J. Crosby & Steve Rosenthal, 40

Architecture Counts by Michael J. Crosby & Steve Rosenthal, 40

Architecture Shapes by Michael J. Crosby & Steve Rosenthal, 40

At Grandpa's Sugar Bush by Margaret Carney & Janet Wilson, 197

Balloons, Balloons, Balloons by Dee Lilligard & Katya Krenina, 92

Beach Ball by Peter Sis, 94

Beach Day by Karen Roosa, 61

Bicycles by Kate Petty, 74

Big Wheels by Anne Rockwell, 74

Birds by Kevin Henkes & Laura Dronzek, 250

Birds, Nests, and Eggs by Mel Boring, 248

Black and White by Tana Hoban, 212

Boats on the River by Marjorie Flack, 86

Bounce by Doreen Cronin, 83

Bread, Bread, Bread by Ann Morris, 37

Bright Lights, Shadowy Shapes by Jennifer Waters, 220

Bringing the Rain to Kapiti Plain by Verna Aardema, 180

Bugs Are Insects by Anne Rockwell & Steve Jenkins, 44

Building a House by Byron Barton, 143

Caterpillars, Bugs, and Butterflies by Mel Boring, 248

Cave Boy by Cathy East & Mark Dubowski, 166, 169

Changes, Changes by Pat Hutchins, 108

Chocolate Chip Cookies by Karen Wagner, 105

City Colors by Zoran Milich, 34

Color Zoo by Lois Ehlert, 25

Come on Rain by Karen Hesser, 180

Curious George Cleans Up by Houghton Mifflin, 202

Day Light, Night Light: Where Light Comes From by Franklyn M. Branley, 213

Don't Let the Pigeon Drive the Bus by Mo Willems, 74
Emily's Balloon by Koko Sakai, 92
Fancy Nancy: Explorer Extraordinaire! by Jane O'Connor, 250, 263
Flotsam by David Wiesner, 189
Footprints and Shadows by Anne Wescott Dodd, 233
Forest Bright, Forest Night by Jennifer Ward, 224
Frog and Toad Together by Arnold Lobel, 162
From Cow to Ice Cream by Bertram T. Knight, 122
From Maple Tree to Syrup by Melanie Mitchell, 197
From Wax to Crayon by Michael H. Forman, 102
Gilberto and the Wind by Marie Hall Ets, 259
Good Night, Gorilla by Peggy Rathmann, 226
Goodnight Moon by Margaret Wise Brown, 226
Grandma's Button Box by Linda Williams Aber, 47
Hands Can by Cheryl Willis Hudson, 49
Hats, Hats, Hats by Ann Morris, 12, 63
Houses and Homes by Ann Morris, 63, 143
I Ain't Gonna Paint No More! by Karen Beaumont & David Catrow, 28
I Drive a Garbage Truck by Sarah Bridges et al., 245
I Stink by Kate McMullan & Jim McMullan, 245
I'm Dirty by Kate McMullan & Jim McMullan, 245
In the Tall, Tall Grass by Denise Fleming, 126
Insects by DK Publishing, 44
Ira Says Goodbye by Bernard Waber, 77
Is It Larger? Is It Smaller? by Tana Hoban, 240
It Looked Like Spilt Milk by Charles G. Shaw, 255
Jack's Garden by Henry Cole, 124
Ladybug Girl by Jackie Davis & David Soman, 240, 263
Ladybugs and Other Insects by Gallimard Jeunesse, 43
Listen to the Rain by Bill Martin, 180
Little Blue and Little Yellow by Leo Leonni, 209
Little Fur Family by Margaret Wise Brown, 263

Loving by Ann Morris, 63
McElligot's Pool by Dr. Seuss, 161
More Tales of Oliver Pig by Jean Van Leeuwen, 163
Mouse Paint by Ellen Stoll Walsh, 28
Mouse Tales by Arnold Lobel, 113, 159
Mrs. Toggle's Zipper by Robin Pulver, 137
My Five Senses by Aliki Brandenberg, 57
Night City by Monica Wellington, 224
Night in the Country by Cynthia Rylant, 224
Nothing Sticks Like a Shadow by Ann Tompert, 218
Of Colors and Things by Tana Hoban, 25
Old MacDonald Had a Woodshop by Lisa Shulman & Ashley Wolff, 55, 189
One Hot Summer Day by Nina Crews, 243
Our Tree Named Steve by Alan Zweibel & David Catrow, 260
Over in the Meadow by Ezra Jack Keats, 43
Over in the Meadow by Olive A. Wadsworth & Anna Vojtech, 43
Pancakes Pancakes by Eric Carle, 139
POP! A Book About Bubbles by Kimberly Brubaker Bradley & Margaret Miller, 111
Preschool Art: Painting by MaryAnn Kohl, 29
Rabbits, Squirrels, and Chipmunks by Mel Boring, 248
Roberto, the Insect Architect by Nina Laden, 40
Roller Coaster by Marla Frazee, 76
Roller Skates by Stephanie Calmenson, 87
Rolling Along: The Story of Taylor and His Wheelchair by James Riggio Heelan & Nicola Simmons, 75
Sail Away, Little Boat by Janet Buell, 86
Sam's Sandwich by David Pelham, 37
Science with Magnets by Helen Edom, 52
Small Pig by Arnold Lobel, 165
Sun Up, Sun Down by Gail Gibbons, 231
Super Sand Castle Saturday by Stuart J. Murphy & Julia Gorton, 120
Swimmy by Leo Leonni, 141
Tell Me Tree: All About Trees for Kids by Gail

Gibbons, 261

That's Not My Puppy: Its Coat Is Too Hairy by Fiona Watt & Rachel Wells, 31

The Amazing Story of Lucky the Lobster Buoy by Karel Hayes, 182

The Art Lesson by Tomie dePaola, 102, 151

The Balancing Girl by Berniece Rabe, 72, 148

The Beach Ball by David Steinberg, 94

The Blue Balloon by Mike Inkpen, 92

The Boat Alphabet Book by Jerry Pallotta, 185

The Cloud Book by Tomie dePaola, 254

The Construction Alphabet Book by Jerry Pallotta & Rob Bolster, 108

The Crayon Counting Book by Pam Munoz Ryan et al., 21

The Enormous Turnip by various authors, 256

The Funny Little Woman by Arlene Mosel, 69

The Little Cloud by Eric Carle, 255

The Little House by Virginia Lee Burton, 87

The Man Who Didn't Wash His Dishes by Phyllis Krasilovsky, 129

The Rusty, Trusty Tractor by Jay Cowley, 118

The Snowy Day by Ezra Jack Keats, 177

The Sun Is My Favorite Star by Frank Asch, 231

The Three Bears by Jan Brett, 178

The Usborne Complete First Book of Nature by Rosamund Kidman-Cox, 265

The Grouchy Ladybug by Eric Carle, 44

The Very Hungry Caterpillar by Eric Carle, 44

The Very Lonely Firefly by Eric Carle, 228

The Very Quiet Cricket by Eric Carle, 44

The Wind Blew by Pat Hutchins, 259

There's a Hole in My Bucket by Kathleen Garry McCord, 204

Thunder Cake by Patricia Polacco, 255

Tony's Bread by Tomie dePaola, 105

Too Much Noise by Ann McGovern, 267

Tops and Bottoms by Janet Stevens, 257

Touch and Feel: ABC by DK Publishing, 31

Touch and Feel: Pets by DK Publishing, 31

Touch the Art: Feed Matisse's Fish by Julie Appel & Amy Guglielmo, 28

Trashy Town by Andrea Zimmerman et al., 245

Trees, Leaves and Bark by Diane Burns, 261

Two Little Trains by Margaret Wise Brown, 148

Water by Frank Asch, 114, 160, 200

Way Out in the Desert by T. J. Marsh & Jennifer Ward, 43

We Play by Phyllis Hoffman & Sarah Wilson, 165

What Is a Pulley? by Lloyd G. Douglas, 146

What Makes a Shadow? by Clyde Robert Bulla, 220

Where the Wild Things Are by Maurice Sendak, 226

Who Are They? by Tana Hoban, 212

Who Likes Rain? by Wong Herbert Yee, 176

Who Sank the Boat? by Pamela Allen, 185

Whose Shadow Is This: A Look at Animal Shapes by Claire Berge, 233

You and Me Together: Moms, Dads, and Kids Around the World by Barbara Kerley, 63